Über dieses Buch

Die gegenwärtigen Veränderungen in unserem Bildungswesen, wie sie z. B. in den neuen Institutionsformen der Gesamtschulen und -hochschulen und den sog. »Rahmenrichtlinien« zum Ausdruck kommen, werden von breiten Kreisen der Bevölkerung mit großem Interesse verfolgt und haben eine z. T. sehr heftige öffentliche Diskussion ausgelöst. Erinnert sei an den Streit um die Hessischen Rahmenrichtlinien. Bedenken gegen eine »Politisierung« des Unterrichts sind laut geworden.
Waren aber unsere staatlichen Schulen und Hochschulen je »unpolitische Freiräume«, die völlig unabhängig von der übrigen Gesellschaft existierten und ihre eigenen Ziele verfolgten? Fast das gesamte Bildungswesen untersteht der Aufsicht des Staates: Schulen und Hochschulen sind *staatliche* Institutionen.
Die vorliegende Arbeit geht von diesem Grundsachverhalt aus und versucht zu erklären, in welcher besonderen Weise sich politische Herrschaft – die der Staat repräsentiert – in seinem Bildungswesen widerspiegelt und die Erziehung unserer Kinder seit jeher bestimmt hat und noch immer bestimmt. Auch die neuen »Rahmenrichtlinien« bilden da keine Ausnahme. Ihre Lernziele: Einübung in die Fähigkeit, Interessen zu formulieren und sie im Konflikt mit anderen gesellschaftlichen Gruppen geltend zu machen – entsprechen genau den Verhaltensweisen, die in den außerschulischen Gesellschaftsbereichen heute üblich, ja gefordert sind und die der Staat garantiert – nicht zuletzt durch die »symbolische Gewalt« seiner Bildungsinstitutionen, mit deren Hilfe er solche Verhaltensweisen lernen läßt.

Der Autor

Ulrich K. Preuß, geb. 1939, ist Rechtsanwalt in Berlin und Professor für Öffentliches Recht an der Universität Bremen.

Ulrich K. Preuß

Bildung und Herrschaft

Beiträge zu einer
politischen Theorie
des Bildungswesens

Fischer
Taschenbuch
Verlag

Originalausgabe

Fischer Taschenbuch Verlag
März 1975
Umschlagentwurf: Jan Buchholz / Reni Hinsch
Fischer Taschenbuch Verlag GmbH, Frankfurt am Main

Gesamtherstellung: Hanseatische Druckanstalt GmbH, Hamburg
Printed in Germany
ISBN 3 436 02058 3

Inhalt

A | BILDUNG UND HERRSCHAFT

B | AUSBILDUNGSFREIHEIT UND AUSBILDUNGSSTREIK

A | Bildung und Herrschaft

Problemstellung

Die Bildungsreform in der Bundesrepublik wird zunehmend durch die »Revision des Curriculums« vorangetrieben.[1] Die Entwicklung neuer, die Umstrukturierung traditioneller Studiengänge in den Universitäten und Hochschulen, ihre z. T. neuartige Institutionalisierung in Gesamthochschulen sowie die allmähliche Ablösung der schulischen Lehrpläne durch »Rahmenrichtlinien« haben mit den Institutionen der Schule und Hochschule auch die traditionellen Lerninhalte und -formen in Bewegung gebracht. Während die Bildungsforschung sich darum bemüht, Kriterien für die Entwicklung rationaler Curricula und organisatorische Modelle als Garanten ihrer demokratischen Inhalte[2] zu erarbeiten, ist die Vorfrage nach den gesellschaftlichen Entstehungs- und Funktionsbedingungen des »Prozesses der Curriculumentwicklung« noch weitgehend ungeklärt. Welches sind die gesellschaftlichen Bedingungen, die den Prozeß der Curriculumentwicklung bestimmen und den Curricula einen spezifischen Inhalt geben? Wie läßt sich überhaupt ein Zusammenhang zwischen curricularen Entwicklungen und den sie beeinflussenden Faktoren methodisch erfassen?

Die folgende Analyse bezieht sich auf curriculare Entwicklungen des staatlichen Schul- und Hochschulwesens der Bundesrepublik. Sie hat daher von dem Grundsachverhalt auszugehen, daß Schule und Hochschule Bestandteile des im Staat institutionalisierten politischen Herrschaftspotentials sind; die Untersuchung konzentriert sich daher auf die Frage, in welcher Weise sich die Wirkungsweise politischer Herrschaft den staatlichen Bildungsinstitutionen mitteilt.

Hervorstechendstes Merkmal politischer Herrschaft im modernen Verfassungsstaat ist die Bürokratie.

1 Vgl. hierzu die bahnbrechende Schrift von S. B. Robinsohn: *Bildungsreform als Revision des Curriculums.* Berlin/Neuwied 1967, seitdem mehrere Aufl.

2 Vgl. S. Gerbaulet u. a.: *Schulnahe Curriculumentwicklung. Ein Vorschlag zur Errichtung Regionaler Pädagogischer Zentren mit Analysen über Innovationsprobleme in den USA, England und Schweden.* Eine Denkschrift. Stuttgart 1972; Deutscher Bildungsrat. Empfehlungen der Bildungskommission: *Strukturplan für das Bildungswesen.* Verabschiedet auf der 27. Sitzung der Bildungskommission am 13. Februar 1970, insbes. S. 58 ff, 253 ff.

Max Weber hat im Zusammenhang mit der Analyse bürokratischer Herrschaft deren Einfluß »auf die Art der Erziehung und Bildung« dargestellt: »Unsere kontinentalen, okzidentalen Erziehungsanstalten, speziell die höheren: Universitäten, technische Hochschulen, Handelshochschulen, Gymnasien und andere Mittelschulen, stehen unter dem beherrschenden Einfluß des Bedürfnisses nach jener Art von ›Bildung‹, welche das für den modernen Bürokratismus zunehmend unentbehrliche Fachprüfungswesen züchtet: der Fachschulung ... Erst die moderne Vollbürokratisierung bringt das rationale, fachmäßige Examenswesen zur unaufhaltsamen Entfaltung.«[3] Webers Feststellung gründet bekanntlich auf der Annahme eines für die westlichen Gesellschaften konstitutiven Zusammenhanges zwischen einem universalistischen Prinzip der Weltbeherrschung und einem okzidentalen Rationalismus, als dessen weltliche Erscheinung die moderne Bürokratie anzusehen sei.[4] Bürokratische Herrschaft — d. h. Herrschaft nach unpersönlich universalistischen Kriterien — kann danach nur von einem Personal ausgeübt werden, das die Fähigkeit zu formeller Rationalisierung besitzt, und sie benötigt zudem Institutionen, deren Strukturen die Auswahl eines derart qualifizierten Personals ermöglichen.

Die politisch-soziologische und die organisationssoziologische Kritik hat mittlerweile die Webersche Theorie bürokratischer Herrschaft in wesentlichen Teilen modifiziert[5], wohingegen in der verfassungstheoretischen Diskussion die damit verbundenen Konsequenzen für die Formen politischer Herrschaft noch kaum bedacht worden sind[6].

Die gegenwärtige bildungspolitische Lage legt es aber nahe, erneut über den Zusammenhang zwischen einigen Strukturelementen des Bildungswesens mit den Formen politischer Herrschaft nachzudenken. Vor allem einer an Mündigkeit und Emanzipation orientierten Pädagogik ist die bürokratische Anstaltsform der Schule problematisch geworden. Auf der institutionellen Ebene postuliert sie einen Zusammenhang zwi-

[3] M. Weber: *Wirtschaft und Gesellschaft. Grundriß der verstehenden Soziologie.* Studienausgabe. Hrsg. v. J. Winckelmann. Köln/Berlin 1964, S. 703 ff, Zitat S. 735.

[4] Vgl. hierzu die interessante Analyse von W. Schluchter: *Aspekte bürokratischer Herrschaft.* München 1972, insbes. S. 65 ff, 78 ff.

[5] Vgl. hierzu die in der vorigen Fn. erwähnte Arbeit von Schluchter, insbes. S. 120 ff, 145 ff; N. Luhmann: ›Zweck-Herrschaft-System. Grundbegriffe und Prämissen Max Webers‹, in: Ders.: *Politische Planung. Aufsätze zur Soziologie von Politik und Verwaltung.* Opladen 1971, S. 90 bis 112.

[6] Zum Problem der Legalität habe ich hierzu einen ersten Versuch unternommen in dem Aufsatz ›Gesellschaftliche Bedingungen der Legalität‹, in: U. K. Preuß: *Legalität und Pluralismus. Beiträge zum Verfassungsrecht der Bundesrepublik Deutschland.* Frankfurt/M. 1973, S. 9—113.

schen der »schulrechtlichen Generalklausel«[7] der Mündigkeit und einem »offenen politischen System«[8], während auf der curricularen Ebene durchaus klassen- und schichtspezifische Sozialisationseffekte gesehen werden. Wenn z. B. von einer neuen Konzeption des Deutschunterrichts erwartet wird, daß »von Situationen ausgegangen (wird), die auf den realen Erfahrungsbereich der Schüler bezogen sind und es ihnen ermöglichen, ihre Erfahrungen, Interessen und Eindrücke spontan zu verbalisieren«[9], so wird offenbar davon ausgegangen, daß die bisherige Struktur der Schule derartigen Lernprozessen weitgehend verschlossen war.

Wenn schließlich – um ein weiteres Beispiel für die Zweifel an der Legitimität der traditionellen, bürokratischen Schulform zu nennen – die Forderung aufgestellt wird, daß »die Schule in einer demokratischen Gesellschaft nicht nur die Schule unter staatlich-parlamentarischer Verantwortung (ist), sondern vor allem auch die Schule der Betroffenen, der Lehrer, Schüler und Eltern. Öffentliche Verantwortung für das Bildungswesen: das heißt insoweit die doppelte Legitimation durch den demokratisch verfaßten Staat wie durch die demokratisch organisierte Institution Schule«[10] – dann deutet sich auch hier ein Unbehagen gegenüber einer Schulform an, die offenbar in ihrer herrschaftlichen Organisation als lernhemmend empfunden wird.

Allerdings kann man aus derartigen Äußerungen, denen »offiziösere« aus Gutachten des Deutschen Bildungsrates an die Seite gestellt werden könnten, keineswegs auf eindeutige Tendenzen einer allmählichen sozialstaatlich-demokratischen Transformation der bürokratischen Schule schließen. Es gibt vielmehr Gegentendenzen in Richtung einer Ablösung des Systems einer bürokratischen Oberaufsicht über ein relativ autonomes »System Bildungswesen« durch eine neuartige Form staatlicher Curriculumherrschaft, die durch unmittelbare bürokratische Dauerintervention in Studien- und Lehrinhalte sowie Prüfungsformen gekennzeichnet ist. Im Extremfall hat dies bereits dazu geführt, daß die wissenschaftliche Qualität

[7] M. Stock: *Pädagogische Freiheit und politischer Auftrag der Schule. Rechtsfragen emanzipatorischer Schulverfassung.* Heidelberg 1971, S. 149.

[8] Vgl. hierzu im einzelnen die in der vorigen Fn. zitierte Arbeit von Stock, insbes. S. 195 ff; vgl. auch L. Dietze: *Modell einer demokratischen Schulverfassung.* Hrsg. v. Institut f. Staatsbürgerliche Bildung in Rheinland-Pfalz. Mainz o. J., Einführung S. 9 ff; ders.: *Mitbestimmung als Strukturprinzip der demokratischen Schulreform.* Rechtsgutachten erstattet im Auftrage des Landeselternrates Niedersachsen. Hannover 1974, S. 45 ff.

[9] Der Hessische Kultusminister (Hg.): *Rahmenrichtlinien. Sekundarstufe I. 7./8. Jahrgangsstufe. Deutsch.* Frankfurt/M. 1974, S. 9.

[10] S. Gerbaulet u. a.: *Schulnahe Curriculumentwicklung* . . . S. 78.

einer Prüfungsarbeit an der verfassungskonformen Gesinnungstüchtigkeit des Kandidaten gemessen worden ist[11]; unterhalb dieser Schwelle wird in neuen Ausbildungsgesetzen die staatliche Curriculumhoheit deutlicher gegenüber häretischen, aber auch gemäßigt kritischen Positionen innerhalb der jungen Intelligenz akzentuiert, wobei die administrativen Mittel der modernen Demagogenverfolgung bis zur Vernichtung der bürgerlichen Existenz reichen.[12] Hieran zeigt sich, wie eng die Curriculumhoheit des Staates mit seinen sonstigen, auf die Bewahrung der »freiheitlichen demokratischen Grundordnung im Sinne des Grundgesetzes« gerichteten Herrschaftsfunktionen verbunden ist.

Die Analyse dieses Zusammenhanges sowie der Beziehung der Curriculumhoheit zu den abstrakt mit Mündigkeit bezeichneten Lernzielen der nachwachsenden Generation ist der Gegenstand der nachfolgenden Erörterungen. Sie verstehen sich dabei nicht als Beitrag zur Curriculumtheorie, zur Didaktik, zur Bildungstheorie oder zu anderen wissenschaftlichen Versuchen der Begründung von Bildungsprozessen; sie sollen vielmehr ein Beitrag zur politischen Theorie sein, insofern sie die Vermittlung politischer Herrschaft über staatlich institutionalisierte Bildungsprozesse zum Thema haben. Sie zielen auf eine Formenanalyse politischer Herrschaft, begrenzt auf den hier so genannten Bereich der Curriculumhoheit. In dieser Fragestellung liegt eine bewußte Verengung gegenüber der umfassenderen Problematik, in welcher Weise das Bildungssystem, vermittelt über staatliche Funktionen, an das ökonomische System gekoppelt ist. Angesichts der vorliegenden bildungsökonomischen Forschungen kann es kaum Zweifel daran geben, daß das Bildungssystem als Produzent der Qualifikationen der Arbeitsbevölkerung eine spezifische ökonomische Funktion hat[13] und daß die kapitalistische Formbestimmtheit

[11] Vgl. den »Fall« des Lehramtskandidaten Behrens, dessen Prüfungsarbeit von dem Wissenschaftlichen Landesprüfungsamt Bremen als unzulänglich qualifiziert wurde, weil er die Sozialisierung der Produktionsmittel als Lösung bestimmter gesellschaftlicher Probleme empfohlen hatte; vgl. die kurze Dokumentation in: *alternative* 95/96 (April/Juni 1974), S. 97 f.

[12] Vgl. den Beschluß der Ministerpräsidenten und des Bundeskanzlers über die »Einstellung von Radikalen in den öffentlichen Dienst« v. 28. Jan. 1972 sowie den Regierungs-»Entwurf eines Gesetzes zur Änderung dienstrechtlicher Vorschriften« v. 6. März 1974.

[13] Vgl. auch hierzu K. Hüfner (Hg.): *Bildungsinvestitionen und Wirtschaftswachstum.* Stuttgart 1970; ders. und J. Naumann (Hg.): *Bildungsplanung: Ansätze, Modelle, Probleme.* Stuttgart 1971; E. Altvater/F. Huisken (Hg.): *Materialien zur politischen Ökonomie des Ausbildungssektors.* Erlangen 1971; E. Becker/G. Jungblut: *Strategien der Bildungsproduktion. Eine Untersuchung über Bildungsökonomie, Curriculumentwicklung und Didaktik im Rahmen systemkonformer Qualifikationsplanung.* Frankfurt/M. 1972; es handelt sich bei diesen Literaturangaben lediglich um eine sehr grobe Auswahl.

der Ökonomie der Bundesrepublik sich auch den Bildungsinstitutionen mitteilt.

In welcher Weise dies konkret geschieht, ist bisher nicht befriedigend analysiert worden; dies dürfte auch ohne eine umfassende Theorie der spätkapitalistischen Gesellschaften kaum möglich sein. Es gibt aber Anhaltspunkte dafür, daß auch im Rahmen der oben angegebenen eingegrenzten Fragestellung einige wichtige Erkenntnisse über den gesellschaftlichen Charakter des gegenwärtigen bundesrepublikanischen Bildungssystems gewonnen werden können. Zum einen beziehen sich die oben skizzierten Tendenzen der Herausbildung neuartiger Formen der Curriculumherrschaft vor allem auf jene akademischen Dienstleistungsberufe und -funktionen, die zwar für die Vermittlung bestimmter Grundqualifikationen im allgemeinen Schulwesen und in den Hochschulen von Bedeutung sind, aber auf die Qualifikation der Arbeitskraft im Sinne ihrer Anpassung an hochtechnisierte und verwissenschaftlichte Produktionsprozesse nur einen geringen Einfluß haben. Die heute feststellbaren staatlich bürokratischen Zugriffe auf diese Schicht — vor allem Lehrer und Juristen — beziehen sich daher auch fast ausschließlich auf die Funktionen, durch die der nachwachsenden Generation bestimmte sozialkonforme Dispositionen vermittelt werden sollen.

Zum anderen gibt es empirisch begründbare Zweifel daran, ob die überwiegend für die Veränderung des Bildungswesens in den letzten 10 Jahren angegebenen Begründungen zutreffen: Sie bestehen — verkürzt ausgedrückt — in der Deduktionskette, derzufolge die wissenschaftlich-technische Umwälzung der Produktion einen erhöhten Bedarf an hochqualifizierten Arbeitskräften hervorgebracht habe und das System formaler Bildung in Schule, Hochschule und Berufsausbildungssystem auf diesen neuen Bedarf umgestellt werden müsse.[14] Die Richtigkeit beider Annahmen ist bisher keineswegs mit hinreichender Gewißheit geklärt worden. Denn hinsichtlich der ersten Annahme sind »denkbar und nachgewiesen . . . sowohl Prozesse der Qualifikationsverschiebung auf gleichbleibendem Niveau . . . Die Prozesse der qualifikatorischen Polarisierung (manche Tätigkeitsgruppen werden qualifikatorisch heraufgestuft, während andere absinken), so daß offen ist, ob das durchschnittliche erforderte Qualifikationsniveau im Zuge des

[14] Vgl. hierzu und zum Folgenden C. Offe: *Bildungssystem, Beschäftigungssystem und Bildungspolitik. Ansätze zu einer gesamtgesellschaftlichen Funktionsbestimmung des Bildungssystems.* Vervielfältigtes Manuskript 1973, erscheint als Gutachten des Deutschen Bildungsrates; vgl. auch G. Lenhardt: *Berufliche Weiterbildung und kapitalistische Arbeitsteilung in der Industrieproduktion.* Manuskript Berlin (Max-Planck-Institut für Bildungsforschung) 1974.

intrasektoralen technischen Wandels steigt, sinkt oder konstant bleibt«.[15]

Hinsichtlich der zweiten Annahme läßt sich zwar zwischen dem finanziellen Aufwand für Bildungsaufgaben und der Entwicklung des Wirtschaftswachstums ein statistischer Zusammenhang konstatieren, ohne daß allerdings daraus mit Notwendigkeit eine Kausalbeziehung der Art abzuleiten wäre, der Bildungsaufwand habe das Wirtschaftswachstum determiniert. Um dies zu klären, bedürfte es noch der Analyse einer Vielzahl intervenierender Faktoren, aus deren Wirksamkeit aber auch eine eindeutige Kausalbeziehung kaum abzuleiten sein dürfte. Die wissenschaftliche Klärung der Zusammenhänge zwischen der Qualifikationsfunktion des Bildungswesens und der ökonomischen Entwicklung der Gesellschaft ist also zweifellos notwendig. Aber angesichts der zunehmenden politisch-administrativen Vermittlung ökonomischer Prozesse wird auch die Kenntnis der Funktionsbedingungen der politischen Herrschaftsapparate bedeutsamer. Dies gilt jedenfalls für die Analyse des Bildungswesens, das bis auf das Berufsbildungswesen in einer besonders engen Beziehung zum staatlichen Herrschaftsapparat steht. Erkenntnisse über seine institutionellen Strukturen und deren »Problemverarbeitungskapazität« können daher wichtige Einsichten in einige Bedingungen der Durchsetzung von Herrschaft im Bildungswesen vermitteln.

Die folgende Untersuchung beschäftigt sich mit dem Problem der Vermittlung gesellschaftlicher Interessen und der Sphäre politischer Herrschaft. Beide Elemente dieses Vermittlungszusammenhanges müssen zunächst geklärt werden, bevor sich die Analyse dem Vermittlungsprozeß selbst zuwendet. Die Erörterung dieser theoretischen Vorfragen mag manchem Leser zuweilen zu abstrakt und uninteressant erscheinen; sie ließ sich aber meines Erachtens nicht vermeiden. Demjenigen Leser, der speziell an der gegenwärtigen Curriculumdiskussion interessiert ist, ist es zu empfehlen, sich sogleich Abschnitt IV zuzuwenden, weil seine Lektüre die Notwendigkeit der theoretischen Vorklärungen leichter einsehbar machen dürfte.

[15] Ebd., S. 10.

I. Die Kategorie des Interesses und die Wirkungsweise politischer Prozesse

1. Interessenpluralismus und Selektionsstrukturen

Auf der normativen Ebene des Verfassungsrechts scheint die Fragestellung nach dem Zusammenhang zwischen curricularen und institutionellen Tendenzen im Bildungswesen sowie der Struktur politischer Herrschaft keine besonderen Probleme aufzuwerfen. Der »ausgeformte Rechtsstaat (bietet) die große Chance für ein freiheitlich-pluralistisches Bildungswesen, das nicht von einer einzigen Ideologie beherrscht wird, sondern in dem sich alle gesellschaftlichen Gruppen, Wertverbande, Interessen repräsentiert finden. Der Staat ist die Integrationsform der auseinanderstrebenden pluralistischen Gesellschaft; die staatliche Schule aber kann ein Modellfall für diese Integration werden, indem sie auf Recht und Gleichheit gegründet wird, in sich die Kräfte ringen läßt und zum Ausgleich bringt und so zum verkleinerten Spiegelbild der Gesamtgesellschaft wird.«[1] Die Vermittlung der pluralistischen Gesellschaft zur Schule als ihrem »verkleinerten Spiegelbild« geschieht durch die Prozesse demokratischer Willensbildung.[2]

Diese formalpluralistische Ebene der Problembehandlung enthält jedoch keinerlei Hinweis auf die realen gesellschaftlichen Prozesse der Curriculumentwicklung, vor allem nicht auf das Problem der strukturellen Benachteiligung oder Privilegierung bestimmter Interessen im Pluralismus gesellschaftlicher Gruppen. Das liegt nicht notwendig daran, daß hier verfassungs-*normativ* argumentiert worden ist; denn eine verfassungsrechtliche Aussage ist nicht dadurch gekennzeichnet, daß sie von der Wirklichkeit abstrahiert. Da die Forderung nach einer wirklichkeitswissenschaftlich orientierten Analyse von der deutschen Verfassungsrechtslehre weitgehend unerfüllt geblieben ist, wird diese Arbeit heute weitgehend von den Vertretern der politischen Wissenschaft und der politischen Soziologie geleistet. Deren Untersuchungen bemühen sich um eine Aufhellung der Einflüsse, die verschiedene Gruppen der Gesellschaft auf Bildungsprozesse auszuüben vermögen, wobei ihnen nicht selten der Nachweis von Anhalts-

[1] F. Hennecke: *Staat und Unterricht. Die Festlegung didaktischer Inhalte durch den Staat im öffentlichen Schulwesen.* Berlin 1972, S. 103.
[2] Ebd., S. 103 f.

punkten für den bestimmenden Einfluß gesellschaftlicher Eliten auf die staatliche Politik gelingt.[3]

Derartige einfluß- und machttheoretische Fragestellungen haben insoweit einen wissenschaftlichen und politischen Wert, als sie empirisches Material über den Einfluß von Gruppen auf politisch bedeutsame Prozesse zusammentragen und auswerten. Selbst wenn man unterstellt, daß sich relevante politische Vorgänge auf den spezifischen Einfluß identifizierbarer gesellschaftlicher Gruppen und damit deren Interessen zurückführen lassen — eine Annahme, die durchaus in Zweifel gezogen wird[4] —, ist diese machttheoretische Methode kein angemessenes Instrument, die Wirklichkeit zu begreifen. Denn sie impliziert, daß gesellschaftliche Verhältnisse ausschließlich durch Handlungsbeziehungen von Individuen und Gruppen untereinander bestimmt sind, während die spezifische ökonomische Form der Herstellung von Gesellschaftlichkeit und ihr Einfluß auf die Beziehungen der gesellschaftlichen »Gruppen« außerhalb der theoretischen Reichweite eines derartigen Ansatzes bleibt. Zum anderen ist dieser Variante eines machttheoretischen Ansatzes entgegenzuhalten, daß in ihm gesellschaftliche Interessen als Gruppeninteressen stets formuliert, mithin interpretiert sein müssen, um in einer Untersuchung aufgenommen werden zu können[5]; es dürfte aber offenkundig sein, daß die Realanalyse gesellschaftlicher Prozesse nicht an Interpretationen der Wirklichkeit durch Individuen oder Gruppen, sondern an den objektiven Strukturen dieser Wirklichkeit selbst anzuknüpfen hat.

Mit anderen Worten: Die Frage nach den gesellschaftlichen Strukturen, die Einfluß darauf haben, wie Individuen in institutionalisierten Bildungsprozessen sozialisiert und qualifiziert werden, ist nicht mit dem Hinweis auf die gesellschaftlich mächtigsten Gruppen und deren Interessen zu beantworten; denn das Kernproblem besteht darin, die Mechanismen ausfindig zu machen, die den Transfer jener Interessen in das Bildungswesen ermöglichen und auf Dauer garantieren. Das Verfassungssystem der rechtsstaatlich-parlamentarischen De-

[3] Beispiele für den Bereich des Bildungswesens die bekannten Arbeiten von M. Baethge: *Ausbildung und Herrschaft. Unternehmerinteressen in der Bildungspolitik.* 3. Aufl. Frankfurt/M. 1970 und F. Nyssen: *Schule im Kapitalismus.* Köln 1970. Allgemein vgl. R. Milliband: *Der Staat in der kapitalistischen Gesellschaft. Eine Analyse des westlichen Machtsystems.* Frankfurt/M. 1972.

[4] Vgl. die Kritik von C. Offe: ›Klassenherrschaft und politisches System. Zur Selektivität politischer Institutionen‹, in: Ders.: *Strukturprobleme des kapitalistischen Staates.* Frankfurt/M. 1972, S. 65—105, hier insbes. S. 66 ff.

[5] Unter dem komplementären Aspekt der »Problemperzeption« durch die Akteure des Staatsapparates ist diese Problematik in ihrer strukturellen Bedeutung von V. Ronge/G. Schmieg: *Restriktionen politischer Planung.* Frankfurt/M. 1973 ausführlich behandelt worden, vgl. S. 31 ff, 266 ff.

mokratie des Grundgesetzes enthält jedenfalls auf den ersten Blick keine Garantie dafür, daß sich stets bestimmte Interessen durchzusetzen vermögen; es ist als ein System der Machtbalancen zwischen gesellschaftlichen Gruppen konstituiert worden, das zwar Mehrheitsherrschaft, keinesfalls aber Herrschaft einer oder mehrerer Gruppen, die privilegierte Machtchancen haben, ermöglicht. Andererseits gibt es so deutliche Beweise für schichtenspezifische Zugangs- und Erfolgschancen und damit für die privilegierte Berücksichtigung der Interessen bestimmter gesellschaftlicher Gruppen und Schichten, daß es nicht notwendig erscheint, dies hier nochmals auszubreiten.[6] Wenn aber trotz einer egalitären Verfassungsstruktur gleichwohl einzelne Gruppen und Schichten dauerhaft einen bestimmenden Einfluß auf die staatliche Politik auszuüben vermögen, ohne im parlamentarischen Sinne Mehrheit zu sein, so liegt hierin offenbar — jedenfalls auf den ersten Blick — ein Widerspruch zu den vom Verfassungsgeber gehegten Absichten.

Dieser Widerspruch läßt sich mit einem analytischen Konzept lösen, das die Frage aufwirft, ob die politischen Institutionen »selbst korrespondierende Strukturmerkmale aufweisen, vermöge derer es zu einer privilegierten Berücksichtigung partikularer Interessen und Einflüsse tatsächlich kommt«[7]. Offe interpretiert das System der parlamentarisch-demokratischen und der bürokratischen Institutionen »als ein selektives, ereigniserzeugendes Regelsystem, als einen ›Sortierprozeß‹«[8], dessen Funktionieren bestimmte Interessenthematisierungen strukturell ausschließt. Dadurch werden nicht mehr nur die von diesem selektiven Prozeß hervorgebrachten Ereignisse, sondern, und vielleicht sogar in erster Linie, die von ihm ausgeschlossenen Nicht-Ereignisse von besonderem Interesse: es ließe sich hier immerhin die These begründen, daß zwischen dem institutionalisierten Prozeß der Curriculumfestlegung und den aus ihm resultierenden curricularen Inhalten insofern eine strukturelle Affinität besteht, als diese Inhalte das Ergebnis eines Selektionsprozesses sind.

Wenn man also eine Aussage über die objektiven gesellschaftlichen Entstehungsbedingungen von Curricula machen will, ist es nach diesem Ansatz unzureichend, die empirischen Einflußfaktoren zu benennen; vielmehr muß aufgrund einer Strukturanalyse des Entscheidungsprozesses nach den Me-

[6] Zu einem spezifischen Aspekt vgl. die Gutachten der Bildungskommission des Deutschen Bildungsrates zu den sozio-kulturellen Bedingungen des Lernens in: H. Roth (Hg.): *Begabung und Lernen*. 7. Aufl. Stuttgart 1971.
[7] C. Offe: ›Klassenherrschaft und politisches System . . .‹, S. 73.
[8] Ebd., S. 74.

chanismen geforscht werden, die zu einer »Dethematisierung« von (nicht durchgesetzten) Alternativen geführt haben.

Dabei taucht dann das Folgeproblem auf, Kriterien für die Beantwortung der Frage zu entwickeln, *welche* der prinzipiell unbegrenzten Alternativen aus strukturellen Gründen aussortiert worden sind.[9]

Der hierfür von Offe vorgeschlagene Ansatz, die Expansion von Legitimationsformeln und -veranstaltungen zu untersuchen, die inhaltlich den Tatbestand der strukturellen Privilegierung bestimmter Interessen dementieren, liefert hierfür sicherlich wichtige Indizien.[10] Man braucht gewissermaßen lediglich die Legitimationsformeln selbst als solche zu dechiffrieren, um zu entschleiern, welche Themen im politischen Entscheidungs- und Steuerungsprozeß aussortiert worden sind. Im Grunde handelt es sich hierbei nicht um »Nicht-Themen«, sondern um »Anti-Themen«. Dennoch gibt dieser Ansatz keine Antwort auf die Frage, warum der im politischen Institutionensystem enthaltene Selektionsmechanismus gerade so organisiert ist, daß er die von ihm hervorgebrachten Selektionsleistungen und nicht andere erbringt. Man kann sicherlich mit guten Gründen und empirischen Belegen nachweisen, daß die politische Herrschaftsform des parlamentarisch-demokratischen Rechtsstaats spezifische, nur von diesem Herrschaftssystem hervorbringbare Selektionsleistungen in dem obenbeschriebenen Sinne erbringt; worauf es jedoch bei diesem Ansatz ankommt und was er zu beweisen sucht, ist die damit verknüpfte Aussage, daß sich der parlamentarisch-demokratische Rechtsstaat damit als Klassenstaat bewährt. Seine Selektionsleistungen sind nach diesen Theorien klassenspezifische Selektionsleistungen.[11] Nun können aber die Selektionsleistungen des Staates als klassenspezifisch – nämlich im Interesse der »herrschenden Klasse« – nur qualifiziert werden, wenn die politischen Institutionen, die die »Sortierfunktion« wahrnehmen, als Institutionen der herrschenden Klasse identifiziert worden sind. Es müßte also vorgängig der Charakter des Staates als bürgerlicher Klassenstaat begründet worden sein. Unter einem Klassenstaat verstehe ich dabei ein System von Institutionen, das die in den ökonomischen Verhältnissen angelegte Überlegenheit einer oder mehrerer Klassen über eine oder mehrere Klassen explizit politisch sichert. Es müßte also gewissermaßen eine Verdoppelung der ökonomischen durch die politische Klassenherrschaft stattfinden.

Die Frage, unter welchen gesellschaftlichen Bedingungen eine derartige Verdoppelung überhaupt möglich sein könnte,

[9] Ebd., S. 81 ff.
[10] Ebd., S. 91 ff.
[11] Ebd., S. 65 ff u. passim.

soll hier dahingestellt bleiben. Für den Staat auf der Basis kapitalistischer Produktionsverhältnisse ist sie jedenfalls ausgeschlossen. Denn er ist gerade – im Unterschied zu feudalen Gesellschaftsverhältnissen – nicht durch die »private« Aneignung sozialer Funktionen durch bestimmte Individuen oder Gruppen gekennzeichnet, sondern durch die Konstituierung einer Sphäre der Allgemeinheit, in der den isolierten Individuen in abstrakter Form ihr gesellschaftlicher Zusammenhang entgegentritt. Es ist die Sphäre des Politischen. Sie ist universalistisch, d. h. nicht explizit an bestimmte soziale Inhalte, Zwecke, Interessen oder soziale Gruppen gebunden, weil unter kapitalistischen Produktionsverhältnissen die Verfügung über den gesellschaftlichen Zusammenhang selbst von jeglichem verbindlichem sozialem Inhalt abstrahiert ist. Der Tausch von Lohnarbeit gegen Kapital zeigt am deutlichsten die Gleichgultigkeit der gesellschaftlich geleisteten Arbeit gegenüber verbindlichen Inhalten, indem sie zur Privatarbeit wird.

Die politischen Institutionen haben ihrerseits einen universalistischen Charakter, d. h. sie stehen unabhängig vom ökonomischen, sozialen oder kulturellen Status jedermann offen. Das bedeutet nun nicht, daß sie nicht klassenspezifische Selektionsleistungen erbringen könnten. Aber ihr Universalismus hindert die Annahme, daß ihre privilegierenden oder diskriminierenden Selektionsleistungen auch jeweils klassenspezifische Selektionsleistungen seien.

Wo liegt nun aber der Anknüpfungspunkt für eine Begriffsbildung, die die offenbar unhaltbare Gleichsetzung von Klassenstaat und Staat als Sortierprozeß privilegierter Interessen vermeidet? Um Mißverständnissen vorzubeugen, ist zu betonen, daß auch Offe eine derartige Gleichsetzung nicht vornimmt; er forscht nach jenen Mechanismen, die auch »das Kapital ›vor sich selbst‹, d. h. vor den Resultaten seiner kurzsichtigen, bornierten und unvollständigen Interessenartikulation, soweit wie möglich« schützen[12], und unterstellt damit durchaus die Möglichkeit einer Distanzierung der politischen Gewalt von konkreten ökonomischen Interessen.

Um so dringlicher ist dann aber ein theoretisches Konzept, das auch solche »antikapitalistischen« staatlichen Aktivitäten aufgrund spezifischer Kriterien als Ausdruck des kapitalistischen Klassenstaates zu qualifizieren vermag. Der empirische Hinweis, daß in den politischen Verkehrsformen des parlamentarischen Staates, in der politischen Ideologie und in den Repressionsinstanzen Mechanismen selektiv wirksam sind, die »durch demokratische, plebiszitäre und partizipatorische Prozeduren die Verfügbarkeit der gesellschaftlichen Lebensumstände . . . suggerieren«, obwohl faktisch das Gegenteil der

[12] Ebd., S. 77.

Fall sei[13], enthält derartige Kriterien nicht. Dies auch dann nicht, wenn die Nichtübereinstimmung der realen staatlichen Funktionen mit den dafür verbreiteten Erklärungen nicht zufällig, sondern aus strukturellen Gründen bestehen sollte. Damit ließen sich zwar Diskriminierungen gesellschaftlicher Gruppen theoretisch begreifen, nicht aber Klassenherrschaft. Diese wurzelt in ökonomischen Verhältnissen, und ohne eine Theorie der Transformation ökonomischer Überlegenheit in politische Herrschaft kann die Frage nach dem Klassenstaat nicht beantwortet werden.

Sicherlich lassen sich anhand der verschiedenen Verschleierungsstrategien von Regierungen Rückschlüsse auf kapitalistische Imperative ziehen, denen ihre jeweilige Politik ausgesetzt ist; hieraus ließe sich dann auch der Klassencharakter dieser Politik deduzieren. Aber dieses Verfahren würde gerade nicht die Beantwortung der Frage erlauben, ob es sich hierbei um die Regierung eines kapitalistischen Staates oder um die Regierung eines Staates handelt, der eine kapitalistische Politik betreibt: ob es sich also um einen kapitalistischen Staat oder um einen Staat in der kapitalistischen Gesellschaft handelt. Die Frage ist insofern von großer Bedeutung, als im letzteren Falle immerhin die theoretische Möglichkeit besteht, den Staat auch in der kapitalistischen Gesellschaft ohne größere revolutionäre Umbrüche für eine nicht- oder gar antikapitalistische Politik der ökonomisch unterlegenen Klassen dienstbar zu machen, während dies für einen kapitalistischen Staat im Sinne der ersten Alternative unmöglich sein dürfte.

Es stellt sich die Frage, ob eine Analyse der Bedingungsfaktoren von politischen Prozessen, die an den Selektionsleistungen und Legitimationsstrategien politischer Institutionen ansetzt, nicht doch wiederum, entgegen ausdrücklicher Absicht, gesellschaftliche Vorgänge auf die Interessen von Einflußgruppen reduziert, in deren Dienst gewissermaßen die Strukturen des politischen Systems funktionieren. Diese sortierenden Strukturen scheinen lediglich Institutionalisierungen und damit Objektivierungen dessen zu sein, was sich als Handlungsorientierungen in den unterschiedlichsten Versionen verhaltenstheoretischer Ansätze zur Analyse politischer Systeme auffinden läßt. An die Stelle von Interessen — individuellen oder kollektiven — und Wertorientierungen treten Strukturen von Institutionen, die ihrerseits aber nur Interessenagenturen sind, die kraft Institutionalisierung den Schein der Objektivität und Interessenneutralität zu erwecken vermögen.

Selbst wenn man diese Kritik erhebt, bleibt zu fragen, warum eine Selektionsanalyse, wie sie Offe vorschlägt, für das

[13] Ebd., S. 95.

hier verfolgte Erkenntnisziel nicht ausreichend sein sollte, um das Verhältnis zwischen den Institutionen des politischen Systems und den Grundstrukturen schulischer und universitärer Curricula näher zu bestimmen? Wenn schon der Verweis auf Gruppeninteressen als den bestimmenden Faktoren für Form und Inhalt von Curricula als unzureichend zurückgewiesen worden ist, so scheint sich doch die Analyse der institutionellen Strukturen des parlamentarisch-demokratischen Rechtsstaates insofern anzubieten, als Curricula ja — wenn man einmal vom berufsbildenden Schulwesen absieht — in jenem Bereich staatlichen Politikmachens entstehen. Die Elemente der Leistungsorientierung, der Individualität von Leistung, der Leistungskonkurrenz, der Priorität abstrakt-generalisierender Topoi der Weltbewältigung sowie andere Strukturmerkmale von Curricula müßten sich doch aus komplementären Strukturen unseres parlamentarisch-demokratischen Rechtsstaates ableiten lassen, ohne daß es auf die generelle Fruchtbarkeit des Selektivitätskriteriums politischer Institutionen ankommen müßte.

Eine derartige Selbstbeschränkung wäre forschungsökonomisch allenfalls unter der Voraussetzung zu rechtfertigen, daß das politische System in seinen Institutionen eine derartige Stabilität und »Objektivität« erlangt hätte, daß andere als aus diesem System selbst resultierende Einflüsse auf die von ihm »produzierte« Politik gar nicht einzuwirken vermöchten. Angesichts der Erosionserscheinungen bei den »klassischen« Institutionen des bürgerlichen Verfassungsstaates[14] läßt sich diese Voraussetzung aber kaum machen — ganz abgesehen von der Frage, ob es je ein derart hermetisches politisches System gegeben hat, das gegen »außersystemische«, vor allem ökonomische Einflüsse völlig immun war. Selbst wenn sich solche hermetischen und stabilen Institutionen feststellen ließen, so wäre doch die Frage aufzuwerfen, auf welchen gesellschaftlichen Bedingungen sie beruhen. Das heißt: Welche gesellschaftlichen »Selektionsleistungen« sollen ihrerseits Strukturen hervorbringen können, die autonom die in einer Gesellschaft erforderlichen politischen Leistungen zu erbringen imstande sein sollen, ohne daß ständige ökonomische Einbrüche in diese Sphäre der Politik stattfinden? Wenn z. B. Art. 109 Abs. 2 GG Bund und Länder in ihrer Haushaltswirtschaft auf das gesamtwirtschaftliche Gleichgewicht verpflichten, so hat hier offenbar der Verfassungsgesetzgeber eine konkrete gegenteilige Erfahrung verarbeitet. Auch ein derartiger Regreß auf der Suche nach den »letzten« Selektionsmechanismen, die die spezifische Wirkungsweise der politischen Institutionen

[14] Vgl. hierzu U. K. Preuß: *Legalität und Pluralismus* ... mit weiteren Literaturnachweisen.

bestimmen, führt allenfalls zu subtilen Varianten eines Grundkonzepts der Analyse gesellschaftlicher Strukturen: der Erforschung von Interessen und der Formen ihrer Durchsetzung.

Will man heute nicht länger naiven Pluralismuskonzepten anhängen, nach denen sich die in einer Gesellschaft organisierten Interessen durch Kompromiß oder Integration[15] stets zum Besten des Gesellschaftsganzen ausgleichen und einander respektieren, sondern erkennt die strukturelle Diskriminierung bzw. Privilegierung von Interessen an, so befindet man sich mit einem derartigen Begriff in einer zirkulären Situation: fragt man nach den Ursachen der Privilegierung bzw. Diskriminierung bestimmter Interessen im politischen Prozeß, so verweist man auf die institutionellen Strukturen; fragt man nach den Ursachen der privilegierenden bzw. diskriminierenden Wirkungsweise jener Strukturen, so muß man auf die dahinterstehenden Interessen verweisen. Es ist offenkundig, daß dies ein gleicherweise theoretisch wie praktisch unbefriedigender Zustand ist.

2. Ökonomisches Klassenverhältnis, Interesse und Politische Herrschaft

Für das Verständnis des Zusammenhanges sei nochmals das methodische Problem wiederholt, vor dem man steht, wenn man den systematischen Zusammenhang zwischen curricularen Inhalten in Schule und Hochschule und der Struktur politischer Herrschaft beschreiben will. Die bisherigen Überlegungen haben ergeben, daß weder eine Analyse von Interessen, die auf das staatliche Bildungssystem einwirken, noch eine Untersuchung der »Sortierfunktion« der politischen Strukturen methodisch befriedigen. Die Interessenanalyse unterschlägt den entscheidenden Prozeß der Umformung von Interessen in politische Herrschaft, während die Selektionsanalyse zwar die spezifisch geartete Sensibilität der politischen Institutionen für unterschiedliche Interessen nachzuweisen vermag, damit aber die Wirkungsweise politischer Herrschaft auf die Wirkungsweise politischer Institutionen verkürzt. Erst die ökonomische Struktur einer Gesellschaft vermag aber letztlich Aufschluß über die Wirkungsweise politischer Herrschaft zu geben, wobei das Problem darin besteht, daß die po-

[15] Vgl. z. B. J. H. Kaiser: *Die Repräsentation organisierter Interessen.* Berlin 1956; Leibholz/Winkler: ›Staat und Verbände‹, in: *VVDStRL* 24 (1966); E. Fraenkel/K. Sontheimer: *Zur Theorie der pluralistischen Demokratie.* Bonn (Bundeszentrale für Politische Bildung) 1964; zur neueren Pluralismus-Diskussion vgl. Nuscheler/Steffani: *Pluralismus – Konzeptionen und Kontroversen.* München 1972.

litische Struktur jedenfalls des parlamentarisch-demokratischen Staates nicht lediglich eine bloße Verdoppelung der ökonomischen Struktur darstellt.

Es läßt sich aber nun selbstverständlich nicht verkennen, daß der Prozeß der staatlichen Curriculumfestlegung Gegenstand unterschiedlicher gesellschaftlicher Interessen ist. Um den Transformationsprozeß bestimmter Interessen in politische Herrschaft zu erkennen, ist es daher notwendig, zum einen die Kategorie des Interesses unter den gegenwärtigen gesellschaftlichen Bedingungen, zum anderen den Begriff der politischen Herrschaft zu klären.

a) Der Begriff des *Interesses*

Bereits in der frühbürgerlichen politischen Theorie des Thomas Hobbes spielt die Kategorie des Interesses eine zentrale Rolle.[16] Sie ist durch eine eigentümliche Ambivalenz gekennzeichnet: Das Interesse wird dort gleichsam als eine individuelle Natureigenschaft aufgefaßt, während es gleichzeitig als ein Element der Vergesellschaftung fungiert. Entsprechend diesen beiden Seiten des Interesses erhält auch der Staat eine gewisse Ambivalenz: Er schützt die Gesellschaftsmitglieder und ihre Interessen, aber gleichzeitig begrenzt er die individuelle Interessenverfolgung in dem Maße, in dem sie eine geregelte Gesellschaftlichkeit zu zerstören droht.[17]

Durch die Existenz des Staates wurde nach dieser Theorie Vergesellschaftung auf der Basis individueller Interessen erst möglich, so daß der Staat als der Autor einer geregelten Gesellschaftlichkeit erscheinen mußte. Seine Strukturen schienen die Dynamik der anarchistischen Konkurrenz der individuellen Interessen zu bändigen und damit den sich durchsetzenden Interessen seinen Stempel aufzudrücken. Auch in der politischen Selektionsanalyse schimmert die Vorstellung durch, gesellschaftliche Interessen erhielten die Bedingungen ihrer Wirksamkeit durch ihre Beziehung auf den Staat oder das politische System insgesamt: durch negative oder positive Sortierung. Dabei wird dann aber die Analyse der gesellschaftlichen Funktionsbedingungen der Interessen vernachlässigt. In die Hobbessche Gesellschaftskonstruktion sind nämlich Voraussetzungen eingegangen, deren Ensemble das Strukturmodell einer Eigentumsmarktgesellschaft ergeben, in der das

[16] Vgl. Th. Hobbes: *Vom Menschen. Vom Bürger.* Eingeleitet u. hrsg. v. G. Gawlick. Hamburg 1959; ders.: *Leviathan oder Wesen, Form und Gewalt des kirchlichen und bürgerlichen Staates.* Hrsg. v. P. C. Meyer-Tasch. Reinbek b. Hamburg 1965.

[17] Vgl. hierzu und zum Folgenden die grundlegende Arbeit von H. Neuendorff: *Der Begriff des Interesses. Eine Studie zu den Gesellschaftstheorien von Hobbes, Smith und Marx.* Frankfurt/M. 1973.

Individuum über sich und seine sozialen Beziehungen eigentumsmäßig zu verfügen vermag[18]; die Kategorie des Interesses — juristisch konstruiert als subjektive Willensmacht des Individuums — setzt die allseitige Verfügbarkeit des Individuums, der Gesellschaft und der Natur bereits voraus. Ja, indem bei Hobbes aus der Konkurrenz der Interessen ein soziales System entsteht, bezeichnet die Kategorie des Interesses nicht eine bloße individuelle Unmittelbarkeit, sondern eine »Vermittlungskategorie zwischen dem Individuum und dem ›sozialen System‹«[19]. Zwar ist das individuelle Interesse selbstbezogen und reflektiert nur auf das Individuum; aber erst ein System von Interaktionsmöglichkeiten zwischen Individuen ermöglicht jene Wechselseitigkeit der Beziehungen, in denen jedes Individuum sich auf ein anderes bezieht, indem es seine eigenen, selbstbezogenen Interessen verfolgt.

Auf der Ebene einer theoretisch konstruierten einfachen Warentauschgesellschaft, in der jedermann auf dem Markt tauscht, was er selbst erarbeitet hat, ist ein derartiges gesamtgesellschaftliches Handlungsmodell plausibel. Als soziale Formation, die durch die Dynamik privater Interessenverfolgung die gesamtgesellschaftlichen Produktivkräfte in ihrem Schoße entfaltet, hat sie sich historisch erst auf kapitalistischer Grundlage entwickelt. In ihr verbirgt die private Form des individuellen Interesses ganz unterschiedliche gesellschaftliche Vorgänge: Ist in der einfachen Warentauschgesellschaft die Quelle zur Befriedigung der Bedürfnisse und damit die Grundlage der Interessenverfolgung die individuelle, private Arbeit, so wird dieser wechselseitige Zusammenhang zwischen Bedürfnissen und Verfügung über die Mittel zur Befriedigung der Bedürfnisse bei den Marktteilnehmern auf der Grundlage kapitalistischer Produktion zerrissen. Das »Interesse« des Kapitalisten besteht zwar darin, für den Markt verkäufliche Waren zu produzieren, aber der von ihm dafür erwartete Tauschwert dient nicht der Befriedigung eines konkreten Bedürfnisses, sondern der Vermehrung des Kapitals, zu der er aufgrund der Konkurrenz bei Strafe des Untergangs als Kapitalist gezwungen ist. Mit anderen Worten: Sein »Interesse« ist nicht länger an ein subjektives Bedürfnis, sondern an einen objektiven Mechanismus der Verwertung seines Kapitals gebunden. Vergesellschaftung findet nicht auf der Ebene subjektiver Handlungsorientierungen, sondern auf der Ebene ökonomischer Gesetze statt, die spezifische Handlungsorientierungen erst produzieren.

[18] Dieser Zusammenhang ist sehr detailliert entfaltet worden bei C. B. Macpherson: *Die politische Theorie des Besitzindividualismus. Von Hobbes bis Locke.* Frankfurt/M. 1967.
[19] H. Neuendorff: *Der Begriff des Interesses* . . ., S. 29 f.

Dies hat auch Einfluß auf das Interesse des Arbeiters. Zwar muß auch er seine Ware – sein Arbeitsvermögen – möglichst gut verkaufen; insofern hat er ein individuelles Interesse. Aber der von ihm im Tausch hingegebene Gebrauchsgegenstand ist einerseits Teil seiner lebendigen Subjektivität und von ihr nicht ablösbar, zum anderen dient er nicht der Endlichkeit eines konkreten Bedürfnisses seines Tauschpartners, sondern gerät in den Strudel der Unendlichkeit des Prozesses der Verwertung von Kapital. Sein Interesse auf dem Markt besteht daher nicht nur in einem möglichst hohen Preis für seine Ware – dies gilt für jeden Marktteilnehmer –, sondern darüber hinaus in der Erhaltung seiner lebendigen Subjektivität gegenüber der Dynamik des prinzipiell unendlichen Prozesses der Selbstverwertung des Kapitals: gegenüber der Tendenz zur Ausdehnung des Arbeitstages und zur Intensivierung der Arbeitsleistung, die keine immanenten Grenzen hat, weil der Selbstverwertungsprozeß selbst keinem begrenzten, konkreten und bedürfnisorientierten Zweck dient.

Das Interesse des Arbeiters wird mithin unmittelbar durch den kapitalistischen Charakter der Produktion bestimmt und läßt sich nicht zureichend aus den Bedingungen des Austauschprozesses auf dem Markt begreifen. Es ist also keine anthropologische, biologische oder sonstwie naturalistische Strebung, ebensowenig wie das »menschliche Wesen . . . (ein) dem einzelnen Individuum innewohnendes Abstraktum (ist). In seiner Wirklichkeit ist es das ensemble der gesellschaftlichen Verhältnisse.«[20] Sie müssen begriffen werden, wenn man die Interessen, ihre Konkurrenz und schließlich ihre Beziehungen zu den politischen Institutionen begreifen will.

Schon das Hobbessche Modell individueller Interessenverfolgung setzt die Auflösung aller gesellschaftlichen Bindungen voraus, die einer freien Verfügung des Individuums über sich und seine sozialen Beziehungen hemmend im Wege standen. Der Vertrag als die friedliche Form wechselseitiger Interessenbefriedigung setzte die *Wert*form der Arbeitsprodukte voraus: Beliebige Gebrauchsgegenstände ließen sich auf dem Markt erst tauschen, als diesen Produkten unabhängig von ihrer jeweiligen völlig verschiedenen *Natur*form als Brot, Knopf, Leinwand etc. die gesellschaftliche Form als *Tauschwert* zukam – eine Voraussetzung, die erst mit dem Zerfall feudaler Gesellschaftsverhältnisse vollständig gegeben war. Aber während im Modell einer einfachen Warentauschgesellschaft der Tauschwert des Arbeitsprodukts keinerlei notwendige Beziehung zu den getauschten *Gebrauchswerten* hat, weil diese ihrem jeweiligen Konsum zugeführt wurden, ist die wi-

[20] K. Marx: *Thesen über Feuerbach*. 6. These, in: MEW, Bd. 3. Berlin 1959, S. 6.

dersprüchliche Einheit von Tauschwert und Gebrauchswert unter kapitalistischen Produktionsverhältnissen konstitutiv.

In ihnen ist der Tauschwert nicht »bloß verschwindende Vermittlung«[21] verschiedener Gebrauchswerte, die durch seine Vermittlung der Konsumtion zugeführt werden. Sobald Tauschwerte, insbesondere das Arbeitsvermögen, gegen Kapital getauscht werden, verlieren diese ihren gegenüber den Gebrauchswerten »verschwindenden« Charakter: Kapital ist nicht mehr das Geld zur Beschaffung eines begrenzten stofflichen Reichtums, es ist selbst seinem Begriff nach nicht eine bestimmte Summe Geld. »Eine bestimmte Summe Geldes ... kann zu einer bestimmten Konsumtion, worin es eben aufhört Geld zu sein, vollständig genügen. Aber als Repräsentant des allgemeinen Reichtums kann es das nicht. Als quantitativ bestimmte Summe, beschränkte Summe, ist es auch nur beschränkter Repräsentant des allgemeinen Reichtums oder Repräsentant eines beschränkten Reichtums, der gerade soweit geht wie sein Tauschwert ... Es hat also keineswegs die Fähigkeit, die es seinem allgemeinen Begriff nach haben soll, alle Genüsse, alle Waren, die Totalität der materiellen Reichtumssubstanzen zu kaufen ... Als Reichtum festgehalten, als allgemeine Form des Reichtums, als Wert, der als Wert gilt, ist es also der beständige Trieb, über seine quantitative Schranke fortzugehen: endloser Prozeß. Seine eigne Lebendigkeit besteht ausschließlich darin; es *erhält* sich nur als vom Gebrauchswert unterschiedner, für sich geltender Tauschwert, indem es sich *beständig vervielfältigt.*«[22]

Seine abstrakteste Ausprägung ist das Geld; aber auch die Geldform des Kapitals repräsentiert lediglich die unterschiedlichsten Vergegenständlichungen von Arbeit, die in den Gebrauchswerten stecken: Fabriken, Maschinen, Gebäude etc. Im Tauschakt, in dem Waren gegen Kapital getauscht werden, erhält und vermehrt sich das Kapital; der Tauschwert eines gegen Kapital getauschten Gebrauchswertes ist also nicht Vermittlungskategorie zur Befriedigung eines Konsumtionsbedürfnisses, sondern zur Selbstverwertung des Kapitals. Der Tauschwert ist Gebrauchswert für die Selbstverwertung des Kapitals, und hierdurch verliert der Tauschwert seinen Charakter als »verschwindende Vermittlung« des Austauschs und wird zur bestimmenden ökonomischen Form.

Vor allem die Kategorie des Interesses erhält durch diese ökonomische Formbestimmtheit des kapitalistischen Austauschprozesses ihrerseits eine spezifische gesellschaftliche Form. Die Verwandlung aller Gebrauchswerte durch die Ver-

[21] K. Marx: *Grundrisse der Kritik der politischen Ökonomie.* Frankfurt/Wien o. J., S. 180.
[22] Ebd., S. 181 f.

mittlung des Tauschwerts zu Gebrauchswerten der Selbstverwertung des Kapitals unterwirft prinzipiell alle Gebrauchswerte dem Kapital: Gebrauchswerte als vergegenständlichte Arbeit, als Gegenstände, in die Wert eingegangen ist. Aber die Grenze der Selbstverwertung des Kapitals liegt dort, wo ein Gebrauchswert keine vergegenständlichte Arbeit, also Wert enthält. »Der einzige Unterschied von der vergegenständlichten Arbeit ist die nicht vergegenständlichte, sondern sich noch vergegenständlichende, die Arbeit als Subjektivität ... Soweit sie als zeitlich, als lebendig vorhanden sein soll, kann sie nur als lebendiges Subjekt vorhanden sein, in dem sie als Fähigkeit existiert, als Möglichkeit; als Arbeiter daher. Der einzige Gebrauchswert daher, der einen Gegensatz zum Kapital bilden kann, ist die Arbeit (und zwar wertschaffende, i. e. reproduktive Arbeit).«[23]

Nicht also ein machttheoretisch zu begreifender Widerspruch zwischen Kapital und Arbeit bestimmt die Interessenstruktur der dann nur handlungstheoretisch zu begreifenden kapitalistischen Gesellschaft, sondern die spezifische ökonomische Formbestimmtheit dieser Beziehung: die Subsumierung des lebendigen Arbeitsvermögens unter den Prozeß der Selbstverwertung des Kapitals, »die Setzung (seines — U.K.P.) Gebrauchswerts durch den Tauschwert als Gebrauchswert für seine Selbstverwertung«[24].

Mit der Erkenntnis der kapitalistischen Formbestimmtheit des Interesses ist ein erster Schritt aus der oben beschriebenen zirkulären Situation getan, die darin bestand, daß zur Erklärung der Bedingungsfaktoren staatlicher Politik die herrschenden Interessen auf ihnen angemessene Strukturen, jene Strukturen aber auf die herrschenden Interessen zurückgeführt werden mußten. Kapitalistische Formbestimmtheit bedeutet nun keinesfalls, daß jedes Interesse ein kapitalistisches Interesse sei; sie bedeutet lediglich, daß der Inhalt der Interessen, die Form ihrer Durchsetzung, ihre Nichtberücksichtigung und schließlich ihre Beziehung zu den politischen Institutionen durch die Entkoppelung von kapitalistischer Produktionsstruktur und Bedürfnisstruktur geprägt wird.

In der bürgerlichen Theorie wird diese Entkoppelung von Produktions- und Bedürfnisstruktur nicht als sehr problematisch angesehen, weil eine Rückkoppelung durch Tauschakte von freien und gleichen Individuen jederzeit möglich sei und auch geschehe. Gerade in der auf Freiheit, Gleichheit und Freiwilligkeit beruhenden tauschvermittelten Herstellung eines dauernden Zusammenhanges zwischen Produktionsstruktur und gesellschaftlichen Bedürfnissen wird der spezifisch frei-

[23] Ebd., S. 183.
[24] H. Neuendorff: *Der Begriff des Interesses ...*, S. 119.

heitliche Charakter unserer Gesellschaftsordnung gesehen. Diese tauschvermittelte Herstellung des gesellschaftlichen Zusammenhanges zwischen Produktion und Bedürfnissen hat indessen bedeutsame sozialstrukturelle Konsequenzen.

Im Tauschverhältnis von Arbeitslohn und Arbeitsvermögen scheint der Arbeitslohn der Gegenwert der vom Arbeiter zur Verfügung gestellten Arbeitskraft zu sein, und so scheint dieses Austauschverhältnis auch seinem Inhalt nach Austausch von Gleichwertigem zu sein, so daß der Tauschwert des Arbeitsvermögens eine »bloße verschwindende Vermittlung« zu sein scheint. Ökonomische Form und juristische Form scheinen identisch zu sein. Aber die Verwandlung des Arbeitsvermögens zum Gebrauchswert für die Selbstverwertung des Kapitals bedeutet, daß das wertschaffende Arbeitsvermögen vom Kapitalisten angeeignet wird, während das dagegen ausgetauschte (variable) Kapital für den Arbeiter der Gegenwert für die Konsumgegenstände ist, die er zu seiner Lebensführung und Erhaltung seines Arbeitsvermögens aufwenden muß. Selbstverwertung des Kapitals durch vertraglich vermittelte Aneignung des Gebrauchswerts des Arbeitsvermögens ist überhaupt nur möglich, wenn die Anwendung des individuellen Arbeitsvermögens für das Kapital mehr Wert schöpft, als der Arbeitslohn Wert enthält.

Die gesellschaftliche Struktur dieses Austauschverhältnisses wird nun nicht dadurch bestimmt, daß der Arbeiter stets nur das erhält, was er konsumieren muß, um sich zu erhalten, während sich das Kapital des Kapitalisten akkumuliert — nicht also durch den wachsenden Abstand zwischen dem materiellen Status des Arbeiters und dem des Kapitalisten. Bestimmend ist vielmehr die in dem Prinzip der Verwertung des Kapitals enthaltene Unterordnung des Gebrauchswerts der Arbeitskraft unter die Bewegung eines unendlichen Prozesses der Selbstverwertung. Diese ökonomische Formbestimmtheit der Austauschbeziehung von Arbeitsvermögen gegen Lohn konstituiert den objektiven Charakter der kapitalistischen Vergesellschaftung als Klassengesellschaft. »In der Verfügungsgewalt des Werts über seinen einzigen Gebrauchswert, die lebendige Arbeit, und in der daraus folgenden Dominanz des Verwertungsprinzips über alle Gebrauchswertzusammenhänge im Produktionsprozeß gründet der Herrschaftszusammenhang der kapitalistischen Produktionsweise. Denn primär über den Zwang der ökonomischen Funktionszusammenhänge realisiert sich die Herrschaft der Klasse der Kapitalisten über die Arbeiterklasse. Deshalb kann auch nicht aus dem Herrschaftsverhältnis der Gegensatz der Klassen und ihrer Interessen abgeleitet werden, vielmehr erlaubt erst die Bestimmung des Widerspruchs zwischen Wert und Gebrauchswert im Kapitalverhältnis, diesen Widerspruch auch als objektiven Interessengegensatz zwischen den beiden durch das kapitalistische Produktionsverhältnis konstituierten Klassen zu reformulieren.«[25]

Damit konzentriert sich die Aufmerksamkeit weniger auf die Frage, in welcher Weise bestimmte Interessen auf den politischen Prozeß einwirken, als vielmehr auf das grundlegende Verhältnis von ökonomischer Klassenstruktur zum Bereich politischer Herrschaft. Vor Erörterung dieses Zusammenhanges ist der Begriff von politischer Herrschaft zu klären, der hier zugrundegelegt wird.

b) Der Begriff *Politische Herrschaft*

Unter politischer Herrschaft wird hier etwas sehr Spezifisches verstanden. Zunächst wird dem Begriff der Herrschaft nicht jede beliebige gesellschaftliche Machtbeziehung zugeordnet, weil damit die historische und gesellschaftliche Bestimmtheit dieses Begriffs verlorenginge. Max Weber unterscheidet »einerseits die Herrschaft kraft Interessenkonstellation (insbesondere kraft monopolistischer Lage) und andererseits die Herrschaft kraft Autorität (Befehlsgewalt und Gehorsamspflicht)«[26]. Herrschaft kraft Interessenkonstellation wäre danach jegliche Beziehung der Abhängigkeit, die unmittelbar aus der ungleichen Verteilung von Mitteln zur Befriedigung vorhandener Bedürfnisse resultiert. Ganz augenscheinlich kann mit einer derartigen Begriffsbildung das Phänomen heutiger politischer Herrschaft nicht geklärt werden; denn dieses ist ja gerade dadurch gekennzeichnet, daß sich ökonomische oder sonstige gesellschaftliche Ungleichheiten nicht unmittelbar in gesellschaftliche Abhängigkeiten umsetzen, sondern sich über eine Sphäre abstrakter Allgemeinheit — die Sphäre politischer Herrschaft — vermitteln.

Dieser abstrakte Charakter ist offenbar kennzeichnend für »Herrschaft kraft Autorität (Befehlsgewalt und Gehorsamspflicht)«; denn hier werden gesellschaftliche Beziehungen begrifflich erfaßt, über deren sozialen Inhalt und Zusammenhang nichts ausgesagt wird, und eben durch diese Inhaltsabstraktion sollen sie nach Weber gekennzeichnet sein. Ob die Begrenzung von Herrschaft auf Befehlsgewalt und Gehorsamspflicht überzeugend ist, mag hier dahingestellt sein; aber zweifellos ist jedenfalls der abstrakte Charakter der durch den modernen Verfassungsstaat ausgeübten politischen Herrschaft etwas derart Kennzeichnendes, daß er zum Anknüpfungspunkt der Begriffsbildung gemacht werden kann. Sie soll sich

[25] H. Neuendorff: *Der Begriff des Interesses* . . ., S. 123.
[26] M. Weber: *Wirtschaft und Gesellschaft* . . ., S. 692.

nicht ganz allgemein auf Herrschaft, sondern auf das Phänomen politischer Herrschaft erstrecken.

Eine vom Wirtschaftsprozeß einer Gesellschaft gesonderte Sphäre politischer Herrschaft ist weder etwas Selbstverständliches noch etwas historisch Durchgängiges.[27] Allgemein läßt sich mit Max Weber sagen, daß »als ein Sondergebilde ... jedenfalls eine ›politische‹ Gemeinschaft nur dann und nur insoweit (existiert), als die Gemeinschaft nicht eine bloße ›Wirtschaftsgemeinschaft‹ ist, sie also Ordnungen besitzt, welche andere Dinge als direkte ökonomische Verfügungen über Sachgüter und Dienstleistungen anordnen«[28]. Damit wird zum Ausdruck gebracht, daß bestimmte gesellschaftliche Funktionen sich aus der durch das Wirtschaften hergestellten Vergesellschaftung ablösen und eine selbständige Ordnung begründen. Die Entwicklung einer »Wirtschaftsgemeinschaft« zu einer »politischen Gemeinschaft« bedeutet das Auseinandertreten von gesellschaftlicher Arbeit einerseits, Schutz des Wirtschaftsverbandes nach innen und außen andererseits, sowie die Verfestigung dieser sich auf den Gesamtverband erstrekkenden Schutzfunktionen in eigenen Institutionen. Akzeptiert man das von Weber genannte »begriffliche Minimum« einer politischen Gemeinschaft: »gewaltsame Behauptung der geordneten Herrschaft über ein Gebiet und die Menschen auf demselben«[29], so zeigt sich, daß die Installierung einer gesonderten politischen Herrschaftsagentur über eine Gebietsbevölkerung offenbar der Reflex davon ist, daß die Art und Weise des Wirtschaftens einer reinen Wirtschaftsgemeinschaft Probleme aufgeworfen hat, die nur durch eine neue Qualität der Vergesellschaftung – die Entwicklung der Wirtschaftsgemeinschaft in eine politische Gemeinschaft – gelöst werden konnten.

Die für Westeuropa charakteristische Form der Herausbildung einer gesonderten Sphäre politischer Herrschaft ist der »moderne Staat«. Der komplizierte Prozeß seiner Herausbildung kann hier nicht im einzelnen dargestellt werden.[30] Hervorzuheben ist die nicht auf einzelne Städte begrenzte Entfaltung kapitalistischer Wirtschaftsweise im 17. Jahrhundert – vor allem in England und Holland, weniger intensiv in Frankreich, in sehr geringem Umfang in Deutschland – und die dadurch bedingte Erweiterung der Geldwirtschaft. Sie ermöglichte eine allmähliche Umwandlung feudaler Naturalabgaben in Geldsteuerleistungen, während die ebenso ökonomische wie militärische Funktionslosigkeit des Adels den

[27] Vgl. hierzu B. F. Tökei: *Zur Frage der asiatischen Produktionsweise.* Neuwied/Berlin 1969.
[28] M. Weber: *Wirtschaft und Gesellschaft* ..., S. 657.
[29] Ebd.
[30] Vgl. hierzu H. Heller: *Staatslehre.* Leiden 1934, S. 129 ff.

Territorialfürsten den Aufbau einer eigenen Bürokratie und eines stehenden Heeres gestattete. Die Entfaltung abstrakten, in Geld ausgedrückten Reichtums — hervorstechendes Kennzeichen kapitalistischer Wirtschaftsweise — erwies sich als eine bedeutsame Funktionsvoraussetzung für die Entwicklung des modernen Staates. Sie löst allmählich die konkreten feudalen Lebens-, Produktions- und Gewaltverhältnisse auf — in denen sämtliche Lebensfunktionen des gesellschaftlichen Körpers vereinigt waren — und begründet die Aufspaltung in relativ selbständige Sphären des Wirtschaftens, der Religiosität, der Bildung, der Gewalt nach innen und außen. Es handelt sich hierbei um einen Vorgang zunehmender Abstraktion der Gewaltsamkeit von ihren ökonomischen Inhalten: immer weniger bestimmte die direkte Abhängigkeit des Bauern vom Grundherren die gesellschaftliche Produktionsweise, sondern die formal freie Vereinbarung über die Verfügung über die Arbeitskraft; damit zerfiel in einem — allerdings langdauernden — Prozeß die quasi naturhafte Bindung der Individuen an den von ihnen bebauten Boden bzw. an die in Zünften organisierte handwerkliche Produktionsweise.

In dem Maße, in dem das Wirtschaften sich von den Fesseln ständischer Gemeinschaften emanzipiert, abstrakter Reichtum produziert wird und sich seine gesellschaftliche Form dadurch universalisiert, abstrahiert und universalisiert sich auch die gesellschaftliche Gewaltsamkeit zur politischen Herrschaft. Aus den vielen besonderen ständischen Gewaltverhältnissen wird ein allgemeines Gewaltverhältnis, das sich statt auf die Sicherung der vielen ständischen Ordnungen auf die Sicherung einer gebiets- und personen-universalen Ordnung bezieht. Die institutionelle Form dieser neuen Qualität von Herrschaft — ihrer Abstraktion von konkreten Lebens- und Arbeitsverhältnissen — ist die Bürokratie. Ihre Existenz verwandelt die personengebundenen, inhaltsvollen Dienst-, Treue-, Schutz- und Fürsorgebeziehungen feudalrechtlicher Art in eine abstrakte Gehorsamsbeziehung.

Pointiert kann man sagen, daß erst diese Verwandlung inhaltsvoller Treue in abstrakten Gehorsam den politischen Status des Individuums begründet. Denn erst hierin wird ein individueller Status begründet, der als Gehorsamsunterwerfung schlechthin von jeglichem Bezug zu konkreten Vergesellschaftungsformen abstrahiert. Treuebeziehungen haben noch insoweit einen synallagmatischen Charakter[31], als sie an die ihnen korrespondierende Schutz- und Fürsorgepflicht des Herrn und damit an eine gebundene Wirtschaftsgemeinschaft gekoppelt sind; wird sie verletzt, besteht auch die Treueverpflichtung nicht länger.

[31] Vgl. H. Krüger: *Allgemeine Staatslehre.* Stuttgart 1964, S. 964 ff.

Für den modernen Staat gibt es dieses Synallagma nicht. Auch seine abstrakte Gewalt ist an eine bestimmte Weise des Wirtschaftens gebunden – die kapitalistische Marktwirtschaft –, aber entsprechend ihrer prinzipiellen Indifferenz gegenüber Lebensinhalten – sie werden individuelle Privatangelegenheit – hat sie keinen inhaltlichen Bezugspunkt, auf den sich ein inhaltsgebundener Gehorsam – eben Treue – beziehen könnte. Sie garantiert die universalen Modi der Vergesellschaftung, deren Geltung unbedingt ist, auch wenn sich durch sie gesellschaftliche Zustände durchsetzen, die den einzelnen sozial schutzlos machen. Man kann daher sagen, daß die politische Herrschaft des modernen Staates zwar keineswegs inhaltslos ist, aber sie ist insofern inhaltsabstrakt, als sie mit der gewaltsamen Garantie von Vergesellschaftungs*modi* alle beliebigen privat gesetzten Zwecke und Inhalte schützt.

Auch die finanziellen Leistungen an den Staat haben anderen gesellschaftlichen Charakter als feudalrechtliche Verpflichtungen. Sie sind als Steuern unabhängig von staatlichen Gegenleistungen zu erbringende Geldleistungen, die der Staat kraft seiner Hoheitsrechte verlangt; auch hier zeigt sich der abstrakte Charakter staatlicher Herrschaft. Steuern sind nicht Gebühren für einen feudalrechtlichen Schutz, sondern eine spezifische Form hoheitlicher Abschöpfung abstrakten gesellschaftlichen Reichtums.[32] Vergleicht man die Steuern mit den vielfältigen Naturalabgaben feudalrechtlicher Provenienz, so wird deutlich, daß sie eine abstraktere Stufe gesellschaftlich erzwungener Arbeit darstellen. In dem Maße, in dem sich die kapitalistische Produktionsweise als die historisch effektivste Form abstrakter Reichtumsproduktion entwickelt, bezieht der moderne Staat seine finanziellen Mittel immer weniger aus seinem Grundbesitz (Domänen) und immer mehr aus Steuern. So bezog z. B. der preußische Staat im Jahre 1640 aus Domäneneinkünften 0,4 Millionen Taler, aus Steuern keinerlei Mittel; im Jahre 1688 war das Verhältnis 0,85 zu 1,62; im Jahre 1713 1,6 zu 2,4; im Jahre 1740 3,3 zu 3,6; im Jahre 1786 6–7 zu 10–11 und im Jahre 1806 8,7 zu 20.[33]

Wenn wir noch einmal auf Max Webers Kennzeichnung einer »politischen Gemeinschaft« zurückkommen, nach der sie eine Auflösung des durch gesellschaftliche Arbeit zusammengehaltenen »Gesamtkörpers« einer »Wirtschaftsgemeinschaft« ist, so läßt sie sich jetzt weiter präzisieren. Die Entwicklung einer Gesellschaft zur politischen Gesellschaft stellt offenbar

[32] Vgl. hierzu Th. Mayer: ›Geschichte der Finanzwirtschaft vom Mittelalter bis zum Ende des 18. Jahrhunderts‹, in: *Handbuch der Finanzwissenschaft.* Hrsg. v. W. Gerloff/F. Neumark. 2. Aufl. Band I. Tübingen 1952, S. 236 bis 272, hier S. 247 ff.

[33] Vgl. die Angaben bei Mayer, a.a.O., S. 259.

einen Prozeß dar, in dem der gesellschaftliche Zusammenhang der Individuen aus ihrem konkreten Lebensprozeß abstrahiert und in einer besonderen Sphäre institutionalisiert wird. Der gesellschaftliche Charakter vor allem der Arbeit, welcher den Zusammenhang der Individuen stiftet, wird ihnen entrissen und als abstrakte Allgemeinheit gegenübergestellt. Der Individualisierung und Isolierung des »freien« – d. h. aus jeglichem gesellschaftlichem Zusammenhang gerissenen – Subjekts entspricht die Konzentration und Verallgemeinerung des gesellschaftlichen Zusammenhanges in der Sphäre des Politischen.

Für den kapitalistischen Produktionsprozeß hat Marx diesen Vorgang im *Kapital*, Bd. I (MEW, Bd. 23), S. 351 wie folgt beschrieben: »Der Zusammenhang ihrer (= der Arbeiter U.K.P.) Funktionen und ihre Einheit als produktiver Gesamtkörper liegen außer ihnen. Der Zusammenhang ihrer Arbeit tritt ihnen daher ideell als Plan, praktisch als Autorität des Kapitalisten gegenüber, als Macht eines fremden Willens, der ihr Tun einem fremden Willen unterwirft.«

Die politische Herrschaft des modernen Staates wäre danach als eine spezifische Form der Vergesellschaftung zu kennzeichnen, in der der gesellschaftliche Zusammenhang der Individuen einer territorial umgrenzten Gesellschaft dem unmittelbaren gesellschaftlichen Lebensprozeß entzogen und als abstrakte Sphäre der Allgemeinheit den Individuen gegenübergestellt wird. Sie ist eine Sphäre der Herrschaft, weil sie die Unterwerfung des isolierten, d. h. jeglicher gesellschaftlicher Beziehung beraubten Individuums unter die Sphäre einer abstrakten Gesellschaftlichkeit durchsetzt. In ihr besteht ein Status der Über- und Unterordnung – Gehorsam, nicht Treue – nicht kraft einer fixierten ökonomischen, kulturellen oder sonstigen sozialen Ungleichheit, sondern kraft der rigorosen Entgegensetzung von abstraktem Individuum und abstrakter Gesellschaft.

Sie beruht auf einer gesellschaftlichen Form des Wirtschaftens, die den arbeitenden Individuen den gesellschaftlichen Charakter ihrer Arbeit vorenthält, gegenüber verbindlichen gesellschaftlichen Inhalten gleichgültig ist und daher eine inhaltsgleichgültige, von dem konkreten Lebensprozeß der Individuen abgelöste Sphäre gesellschaftlicher Allgemeinheit hervorbringt.

Die prinzipielle Beliebigkeit gegenüber sozialen Inhalten und Zwecken macht den universalistischen Charakter politischer Herrschaft aus. Die Kehrseite dieser Gleichgültigkeit ist ihre Eignung für prinzipiell alle Zwecke. Man kann sagen, daß politische Herrschaft um so perfekter ist, je geeigneter sie für die beliebigsten Zwecke ist. (Das Pendant zu diesem universellen Charakter politischer Herrschaft ist der universelle

Charakter des politischen Gehorsams; Max Weber spricht von einem »schlechthinigen Gehorsam«, um damit die Inhaltslosigkeit — und damit Eignung für alle Inhalte — des politischen Gehorsams zu kennzeichnen.)[33a]

Die Begrenzung dieses universellen Herrschaftspotentials ist das Problem des Verfassungsstaates. In ihm soll nicht der universelle Charakter politischer Herrschaft beseitigt werden, und doch soll die Beliebigkeit der Zwecke, zu deren Durchsetzung sie ein Mittel sein kann, begrenzt werden. Diese Zielsetzung scheint der Quadratur des Kreises zu gleichen; denn der Universalismus politischer Herrschaft besteht gerade, wie wir gesehen haben, darin, von allen konkreten Lebensprozessen zu abstrahieren, d. h. an keinen bestimmten Zweck gebunden zu sein. Wie wäre damit ein Programm zu vereinbaren, gleichwohl zu einer Begrenzung politischer Herrschaft zu gelangen?

Für den bürgerlichen Verfassungsstaat, wie er sich in den politischen Kämpfen des Bürgertums im 17., 18. und 19. Jahrhundert — wenn auch in unterschiedlichen Formen — herausbildete, ist der Bezug auf den beschriebenen abstrakt-universalistischen Charakter politischer Herrschaft wesentlich. Zu Recht ist darauf hingewiesen worden, daß auch die feudale mittelalterliche Ordnung Machtbeschränkungen gekannt habe.[34] Aber dieser Hinweis ist irreführend, weil er unterstellt, daß es im Feudalismus eine inhaltsdifferente abstrakte Herrschaft gegeben habe. Die feudalen Verbände waren Wirtschafts- und Lebensordnungen, in denen die Herrenbefugnisse inhaltlich an diese Ordnung gebunden und quasi natürlich durch sie begrenzt waren. Feudalrechtliche Verträge über Privilegien, Exemtionen, Immunitäten und Libertäten stellten keine Bindung einer abstrakten Herrschaft dar, sondern gewissermaßen Verschiebungen inhaltsvoller Lebenskreise im Rahmen einer hierarchischen ständischen Gliederung. Sie waren Sozialverträge in dem unmittelbaren Sinne, daß sie tatsächlich die gesellschaftliche Zuordnung der Beteiligten regelten.

Das historisch Neue an dem Konzept des bürgerlichen Konstitutionalismus liegt in der Beschränkung des universellen Charakters politischer Herrschaft durch ein System der Balancierung verschiedener Träger abstrakter Herrschaft. Das wichtigste Element dieses Systems ist die Begründung einer Sphäre privater abstrakter Herrschaft — individuelle Freiheit —, deren Grenze gewissermaßen der Bannkreis für die abstrakte politische Herrschaft — die öffentliche Gewalt — ist. Diese wechsel-

[33a] Vgl. zu diesem Problem B. Guggenberger: *Wem nützt der Staat? Kritik der neomarxistischen Staatstheorie.* Stuttgart/Berlin/Köln/Mainz 1974, insbes. S. 16 ff.

[34] Vgl. z. B. C. J. Friedrich: *Der Verfassungsstaat der Neuzeit.* Berlin/Göttingen/Heidelberg 1953, S. 141 f.

seitige Ausbalancierung zweier abstrakter Herrschaftssphären verdient mit größerem Recht Gewaltenteilung genannt zu werden als die verfassungsrechtlich so bezeichnete funktionelle Gliederung der politischen Herrschaft. Historisch originell war die Abkehr von dem Prinzip der Verteilung der politischen Herrschaft auf verschiedene soziale Gruppen — dies wäre gleichbedeutend mit einer jeweiligen quasi privaten Aneignung politischer Funktionen durch diese Gruppen und identisch mit einer inhaltlichen Bindung von Herrschaft; dies ist die feudalrechtliche Ausprägung der »Gewaltenteilung«. Vielmehr steht der Sphäre universeller *politischer* Herrschaft eine Sphäre universeller *privater* Herrschaft in Form der Freiheit der Individuen gegenüber; beide Sphären begrenzen einander wechselseitig, bilden also ein System der Ausbalancierung von Herrschaftssphären, indem die Beliebigkeit der Zwecke politischer Herrschaft ihre Grenze an der Freiheitssphäre des privaten individuellen Herrschaftssubjekts findet, während umgekehrt die Beliebigkeit der privaten Zwecke des Individuums — seine Freiheit — ihre Grenze an der Herrschaftssphäre des Staates findet. Die Scheidelinie, an der beide Sphären aufeinander prallen, ist das Gesetz, das daher auch die zentrale Kategorie des bürgerlichen Verfassungsstaates ist.

Das andere zentrale Element konstitutioneller Bindung der politischen Herrschaft des modernen Staates ist das der Gewaltenteilung im engeren Sinne: die Gliederung politischer Herrschaft nach gesetzgebenden, rechtsprechenden und gesetzesvollziehenden Funktionen und ihre Verteilung nicht auf verschiedene soziale Gruppen — das hätte wiederum zur feudalrechtlichen »privaten« Aneignung politischer Funktionen zugunsten spezifischer Interessen geführt —, sondern auf unterschiedliche Organe des einheitlichen Staates; deren unterschiedliche Funktionen und Kompetenzen sollten einander wechselseitig begrenzen und dadurch eine Mäßigung politischer Herrschaft insgesamt bewirken.

Es hat selbstverständlich Übergangsformen zwischen der überkommenen feudalen und der bürgerlich-konstitutionellen Form der Gewaltenteilung gegeben, sowohl praktisch als auch theoretisch — so wenn z. B. Montesquieu vorsieht, daß die Gerichtsbarkeit dem Adel, die Gesetzgebung dem aufstrebenden Bürgertum vorbehalten sein sollte. Hier soll die Staatsgewalt noch entsprechend der noch nicht voll entfalteten bürgerlichen Produktionsweise unterschiedlichen gesellschaftlichen Klassen nach dem Muster feudaler Aneignung gesellschaftlicher Funktionen überantwortet werden. Auch die für das 18. und 19. Jahrhundert vor allem für Deutschland charakteristischen Auseinandersetzungen zwischen Adel und

Bürgertum um die Beherrschung der Gerichtsbarkeit haben in diesen feudalen Reststrukturen ihre Wurzel.

Der bürgerliche Konstitutionalismus ist also eine Bewegung zur *normativen* Bindung der Staatsgewalt, weil eine *soziale* Bindung die Existenz politischer Herrschaft in dem bisher gekennzeichneten Sinn zerstört hätte. Normativ bedeutet: nach abstrakten Regeln, deren wichtigste sind: Differenzierung der Staatsgewalt in rechtsetzende, rechtsprechende und vollziehende Funktionen; Bindung der vollziehenden und rechtsprechenden Gewalt an die Gesetze; Gewährleistung von herrschaftsfreien Sphären individueller Freiheit als Schranke staatlicher Herrschaft.

Es stellt sich nun natürlich sogleich die Frage, inwiefern ein abstrakter Normativismus in der Lage sein sollte, in der gesellschaftlichen Realität eine tatsächliche Begrenzung des universalistischen politischen Herrschaftspotentials herbeizuführen. Bei näherem Hinsehen zeigt sich denn auch, daß es den konstitutionellen Bewegungen auch keineswegs um abstrakt-normative Prinzipien ging. Zunächst ist festzuhalten, daß Bindung der Staatsgewalt lediglich unter den spezifischen sozial-ökonomischen Verhältnissen im Deutschland des 19. Jahrhunderts die Zähmung der vorausgesetzten territorialfürstlichen Gewalt durch Regeln, die diese Gewalt berechenbar machen sollten, bedeutete. In den anderen westeuropäischen Ländern richtete sich diese Bewegung auf die Eroberung der politischen Gewalt selbst. Sie zielte nicht nur – in modernen Termini – auf den Rechtsstaat, sondern gleichzeitig auf die bürgerliche Demokratie. Entscheidend aber ist, daß der Kampf um das Gesetzgebungsrecht durch das Bürgertum in einer Nationalrepräsentation nicht die Form der Forderung nach einer bürgerlichen Klassenherrschaft annahm – also nicht die Form der unmittelbaren Aneignung des staatlichen Herrschaftspotentials für die ökonomischen und sozialen Zwecke der bürgerlichen Klasse –, sondern die Form der Forderung nach Bindung der staatlichen Gewalt an den Volkswillen. Der Volkswille – repräsentiert in einer Nationalrepräsentation – ist zwar erst unter den später erreichten Bedingungen eines allgemeinen und gleichen Wahlrechts mehr als ein bloßer bürgerlicher Klassenwillen; aber der Form nach war er es selbst dann nicht, als nur die besitzende bürgerliche Klasse das politische Wahlrecht besaß. Denn er ist seiner Struktur nach ebenso abstrakt-universalistisch wie die durch die monarchische Bürokratie ausgeübte politische Herrschaft: er kann sich der beliebigsten Inhalte annehmen und sie zum Gegenstand seines politischen »Interesses« machen.

Der abstrakt-universalistische Charakter des Volkswillens verweist darauf, daß politische Herrschaft nicht an bestimmte und konkrete Bedürfnisse und eine ihnen entsprechende konkrete Lebensordnung, sondern an den inhaltsgleichgültigen Verkoppelungsmechanismus zwischen kapitalistischer Produktionsweise und gesellschaftlicher Bedürfnisstruktur gebunden werden sollte. Der kapitalistische Verwertungsmechanismus verlangt — grob gesprochen — keine sozialen Privilegierungen, sondern die Garantie universalistischer Verkehrsformen, die den Zusammenhang zwischen Produktion und Bedürfnisbefriedigung vermitteln.

Die Bindung der abstrakt-universalistischen Staatsgewalt an den nicht minder abstrakt-universalistischen Volkswillen ist also keineswegs sozial inhaltslos. Ihre Form der bloßen Begrenzung einer potentiell den beliebigsten Zwecken dienstbaren abstrakten Herrschaft bedeutet ihre Funktionalisierung auf universalistische Verkehrsformen, deren Funktionieren den ökonomischen Mechanismus der Klassenbildung exekutieren.

Der Staat als die institutionelle Form dieser politischen Herrschaft organisiert also lediglich die bürgerliche Klassenherrschaft, ohne daß sich die bürgerliche Klasse selbst organisieren müßte. Die Steuer, Militär, Polizei und Bürokratie sind die reale Basis dieser Klassenherrschaft: Abstrakter Reichtum, abgeschöpft von abstrakter Arbeit, abstrakter Frieden, abstrakte Ordnung, abstraktes Recht sind die Prinzipien einer Form politischer Herrschaft, deren Indifferenz gegenüber verbindlichen gesellschaftlichen Bedürfnissen und Inhalten die Dominanz des kapitalistischen Verwertungsprinzips über den Gebrauchswert der Arbeitskraft gewaltsam garantiert.

Es ist offenbar, daß die heutigen Strukturen politischer Herrschaft in vieler Hinsicht von der hier skizzierten Grundstruktur politischer Herrschaft abweichen. Es handelt sich dabei nicht um empirische Abweichungen von einem konstruierten Idealtypus, sondern um entwickeltere und reichere Formen der widersprüchlichen Entfaltung bürgerlicher politischer Herrschaft. Denn der Widerspruch zwischen der universalistischen Form und dem beschränkten sozialen Inhalt bürgerlicher politischer Institutionen hat sich ihnen von Anbeginn in allen geschichtlichen Phasen in unterschiedlicher Weise mitgeteilt. Die widerspruchsvolle Einheit von Freiheit und ihrer abstrakten gesetzlichen Schranke, die Dialektik von Normalität und Ausnahmezustand, von Rechtsstaat und Sozialstaat oder die Bindung der grundrechtlichen Freiheit an die Treue (!) zur Verfassung kennzeichnen diesen fundamentalen Widerspruch der politischen Herrschaft im Verfassungsstaat. Hierauf wird im Zusammenhang mit der Analyse der gesellschaftlichen Verkehrsformen zurückzukommen sein.

3. Ökonomisches Klassenverhältnis, Interessenpluralismus und relative Autonomie der politischen Institutionen

Wir können jetzt das Problem des Zusammenhanges zwischen bestimmten gesellschaftlichen Interessen und dem Bereich der politischen Institutionen präziser formulieren. Negativ läßt sich zunächst sagen, daß dieser Zusammenhang nicht mit der Formel von der Integration der Partikularinteressen in ein Gesamtinteresse angemessen beschrieben wird; denn hieraus geht weder hervor, in welcher Weise dieser Integrationsprozeß verläuft, noch auch, welches die Bedingungen der Möglichkeit sind, daß eine derartige Integration stattfinden kann. Hier sind eher staatsidealistische Illusionen als nüchterne Analyse am Wirken.

Aber auch die These von dem selektiven Charakter politischer Institutionen enthält keine befriedigende Problemdefinition, da sie letztlich auf die Feststellung der Dominanz bestimmter Interessen über andere hinausläuft, wobei sich die dominanten Interessen in den politischen Institutionen gewissermaßen institutionell objektivieren. Wenn gesagt wird, daß »die Selektivität des Grundrechtsteils von Verfassungen in einem Negativprogramm über die Materien (besteht), mit denen sich ein politisches System nicht befaßt«[35], so wird damit die dialektische Beziehung zwischen dem Universalismus politischer Herrschaft und ihrem ökonomisch und sozial begrenzten gesellschaftlichen Inhalt unterschlagen.

Politische Herrschaft und gesellschaftliche Interessen stehen einander nicht schroff und unvermittelt gegenüber; ebensowenig sind sie in der Weise deckungsgleich, daß die politische Struktur eine bloße Verdoppelung der ökonomischen Klassenstruktur ist. Sie sind dergestalt miteinander dialektisch vermittelt, daß der Prozeß der Interessenartikulation und -durchsetzung der gesellschaftlichen Form auch — als Freiheit — Privatangelegenheit der Individuen ist, und Interessen nur in einer vom gesellschaftlichen Lebenszusammenhang getrennten Sphäre abstrakter Allgemeinheit zu verbindlichen gesellschaftlichen Inhalten werden können. Der abstrakte Universalismus politischer Herrschaft verallgemeinert Interessen, indem er den Individuen ihren gesellschaftlichen Zusammenhang entreißt und ihnen als öffentliche Gewalt entgegentritt; weil ihr abstrakter Universalismus prinzipiell beliebigen Zwecken offensteht, zwingt er die Individuen, ihre Interessen als private und gesellschaftlich beliebige zu formulieren. Mit anderen Worten: Damit gesellschaftliche Inhalte verbindlich werden können, müssen sie als private Interessen gesellschaftlich beliebig und unverbindlich sein, und wenn sie in der Sphäre

[35] C. Offe: ›Klassenherrschaft und politisches System . . .‹, S. 79 f.

der öffentlichen Gewalt verbindlich geworden sind, sind sie vom gesellschaftlichen Lebenszusammenhang abstrahiert und treten ihm als ihm äußerliche Herrschaft gegenüber. Der Universalismus politischer Herrschaft beruht mithin auf der Privatheit, Partikularität und Unverbindlichkeit gesellschaftlicher Inhalte, die dadurch zu Interessen werden; der private, partikularistische und unverbindliche Charakter gründet, wie wir gesehen haben, in der Herrschaft des Verwertungsprinzips über die lebendige Arbeitskraft und damit im ökonomischen Klassenverhältnis. Damit bewährt sich der Universalismus politischer Herrschaft als politische Form bürgerlicher Klassenherrschaft. Es tritt etwas Weiteres hinzu. Universalismus politischer Herrschaft und gesellschaftliche Unverbindlichkeit und Beliebigkeit von Interessen sind die Funktionsbedingungen eines interessenpluralistischen politischen Institutionensystems. In ihm kann jedes private Interesse zu einem allgemeinen werden, wenn es nur im Mechanismus der Mehrheitsbildung Erfolg hat. So scheint Interessenpluralität die oben aufgestellte These zu widerlegen, nach der der Universalismus politischer Herrschaft das Signum bürgerlicher Klassenherrschaft sei. Man könnte doch sagen, daß im Gegenteil gerade der Universalismus der politischen Institutionen die Offenheit für prinzipiell alle Inhalte und Interessen garantierte und insoweit prinzipiell die Möglichkeit von Klassenherrschaft im Sinne dauernder Privilegierung von Interessen bestimmter Klassen oder Gruppen ausschließe. Das konstitutionelle System ist in der Tat auch derart entwickelt, daß mit der Chance der Oppositionsbildung und ihren konnexen politischen Rechten zugleich jedermann die Chance gegeben ist, selbst einmal Mehrheit zu werden.

Eine derartige Argumentation ist schlüssig, insofern sie damit die innere Logik bürgerlicher politischer Herrschaft zum Ausdruck bringt. Ihr Interessenpluralismus ist daher prinzipiell auch kein Schein, wenn wir auch im weiteren Verlauf der Untersuchung auf erfolgreiche Veränderungen stoßen werden. Aber die prinzipielle Offenheit des politischen Institutionensystems für alle Interessen setzt deren Privatheit und gesellschaftliche Beliebigkeit ebenso voraus, wie die Abstraktion des allgemeinen Charakters der Gesellschaft, welche die Gesellschaftsmitglieder gesellschaftlich miteinander verbindet, von allen konkreten materiellen Lebensprozessen in einer Sphäre öffentlicher Gewalt. Damit setzt der Interessenpluralismus voraus, daß eine bewußte und planvolle Gestaltung des allgemeinen gesellschaftlichen Lebenszusammenhanges aus dem Zusammenhang mit den materiellen gesellschaftlichen Produktivkräften gerissen und als von ihnen losgelöste Sphäre institutionalisiert wird. In ihr aber erscheint dieser allgemeine gesellschaftliche Zusammenhang nicht auf einer höheren Entwicklungsstufe wieder; vielmehr bedingt ihr abstrakter Universalismus, daß Verbindlichkeit nur noch in bezug auf prinzipiell beliebige Interessen möglich ist. Die Unverbindlichkeit der gesellschaftlichen Inhalte ist der wirkliche verbindliche Inhalt universalistischer politischer Herrschaft.

Er impliziert, daß formell, in der Sphäre der öffentlichen Gewalt, verbindlich nur werden kann, was materiell keinen allgemeinen, gesellschaftlichen Charakter hat, sondern als privates Interesse fungieren kann. In ihr waltet insofern ein »allgemeines Interesse«, als das Interesse an abstrakter Allgemeinheit materielle gesellschaftliche Allgemeinheit und Verbindlichkeit ausschließt.

Der Interessenpluralismus vermittelt also die Sphäre der privaten Produktion mit der der abstrakten Allgemeinheit; er ist gewissermaßen eine Funktionsbedingung des Universalismus politischer Institutionen, da sich durch ihn der private Charakter der Produktion durchsetzt. Versagt seine Vermittlungsfunktion – etwa weil das »Interesse« an unmittelbarer und verbindlicher Planung des gesellschaftlichen Lebenszusammenhanges, insbesondere des Zusammenhanges von Produktion und Bedürfnisbefriedigung, angemeldet wird –, so schlägt der Universalismus politischer Herrschaft unvermittelt in sein Gegenteil um: im Belagerungs- oder Ausnahmezustand findet der Universalismus politischer Herrschaft sein dialektisches Widerspruchsmoment; in ihm schlägt ganz ohne interessenpluralistische Vermittlung direkt die Gewaltsamkeit der den Gesellschaftsmitgliedern entzogenen, abstrakten Allgemeinheit als Herrschaft »sans phrase« durch, um den abstrakten Charakter gesellschaftlicher Allgemeinheit zu bewahren. Insofern ist es nicht nur scheinhaft, wenn zur Legitimation des Ausnahmezustandes der »Staatsnotstand« evoziert wird: Es ist der Notstand einer Form der Vergesellschaftung, die die Bedürfnisbefriedigung nicht im Zusammenhang einer bewußten Gestaltung des gesellschaftlichen Lebens ermöglicht, sondern stets nur im nachhinein durch private Tauschbeziehungen und durch die Konkurrenz von privaten Interessen um die ihrem Inhalt gegenüber indifferente öffentliche Gewalt. In der Erscheinungsform des Staatsnotstandes drückt sich die Krise bürgerlicher Klassenherrschaft aus. Im Staatsnotstand wird also implizit diese Klassenherrschaft gewaltsam aufrechterhalten.

Der Notstand ist im strengen Sinne kein Ausnahmezustand; er ist dialektisch an die Normalität eines interessenpluralistisch mit den gesellschaftlichen Verhältnissen vermittelten Universalismus politischer Herrschaft gebunden. Denn die Konkurrenz privater Interessen – deren politische Form der abstrakte Universalismus politischer Herrschaft ist – summiert sich heute nicht einmal mehr in den Köpfen spätliberaler Ideologen zu einem gesellschaftlichen Zusammenhang, in dem gesellschaftliche Bedürfnisse und gesellschaftliche Produktion in Übereinstimmung gelangen. Der zyklische Prozeß der Kapitalbewegung, dessen Analyse hier nicht geleistet werden kann, produziert krisenhafte »Entkoppelungen« von Produktion und Bedürfnissystem vor allem in Phasen der Überakkumulation, in denen Kapital vernichtet, d. h. Gebrauchswerte zerstört werden müssen. Gegenüber der Macht dieser Notwendigkeit versagt die »Normalität« pluralistischer Interessenwahrnehmung, die auch durchaus in den Augen eines besorgten politischen Krisenmanagements nur in Phasen des Wachstums, kaum aber in Phasen des wirtschaftlichen Schrumpfens funktioniert. Sie sind eine wichtige ökonomische Randbedingung des Ausnahmezustandes. Auf die heutigen Formen, den Ausnahmezustand selbst zu »normalisieren«, wird noch einzugehen sein. Hier genügt zunächst der Hinweis auf die notwendige dialektische Einheit von abstraktem Universalismus interessenpluralistisch vermittelter bürgerlicher politischer Herrschaft und seiner Aufhebung im Ausnahmezustand. In dieser Einheit bleibt der Pluralismus der Interessen ein zentraler Topos des politischen Institutionensystems. Das ökonomische Verhältnis der Klassen erscheint als politisches Verhältnis von individuellen Staatsbürgern zueinander.[36] Politik erscheint als eine Funktion der Interessen dieser staatsbürgerlichen Individuen, und die politischen Institutionen scheinen »Gefäße« für die angemessene Verfolgung jener individuellen Interessen zu sein.

Um diesen Schein zu zerstören, reicht es allerdings nicht aus, auf die kapitalistische Formbestimmtheit der Interessen und die Notwendigkeit des Universalismus politischer Herrschaft unter kapitalistischen Produktionsverhältnissen hinzuweisen. Denn wenn sich der interessen- und klassenspezifische Universalismus politischer Institutionen als Schein erweist, so müßte eine theoretische Erklärung für das Phänomen gegeben werden, daß sie empirisch wahrnehmbar eine »relative Autonomie« sowohl gegenüber dem ökonomischen Prozeß wie auch gegenüber der ökonomisch dominanten Klasse innehaben. Aus dieser realen relativen Autonomie schöpft das politische Institutionensystem einen großen Teil seiner Legitimationskraft.

Der Versuch einer Antwort ist in einem theoretischen Ansatz enthalten, der die Oberflächenerscheinungen der bürgerlichen Gesellschaft zum Ausgangspunkt der Analyse nimmt,

[36] Vgl. hierzu N. Poulantzas: *Pouvoir politique et classes sociales.* Vol. I. Paris 1971, S. 131 ff.

gleichsam am Alltagsbewußtsein der Mitglieder der bürgerlichen Gesellschaft ansetzt.[37] Das Alltagsbewußtsein differenziert die Mitglieder der Gesellschaft nicht nach den der gesellschaftlichen Produktion zugrundeliegenden ökonomischen Gesetzen, sondern nach den Arten des Einkommens, das sie erhalten: Bezieher von Einkommen aus Kapital, aus dem Boden und aus Arbeit. Kapital, Boden und Arbeit sind nach dieser Alltagserfahrung die drei Faktoren, aus deren Kombination der stoffliche Reichtum der Gesellschaft erwächst. Durch wechselseitige vertragliche Verfügung der drei Eigentümerkategorien wird diese Kombination gesellschaftlich vermittelt, so daß der Vergesellschaftungsprozeß als Prozeß der wechselseitigen individuellen Verfügung von Eigentümern unterschiedlicher Güter im Medium von Freiheit und Gleichheit erscheint. Unterschiedliche Interessen in der Gesellschaft resultieren aus den unterschiedlichen Eigentumskategorien, während die Gemeinsamkeit der Interessen aller Gesellschaftsmitglieder daraus resultiert, daß sie alle Eigentümer sind und die Vergesellschaftungsprozesse ausschließlich auf der Grundlage der Verfügung über — in der Form allerdings unterschiedliches — Eigentum ablaufen.

Diese allgemeine Form der je besonderen Eigentümerinteressen ist diesen allerdings nicht immanent, seinen Trägern in der Regel nicht bewußt. Erst die individuelle Wahrnehmung der je besonderen Interessen schafft im nachhinein — so bestimmte liberale Strömungen seit A. Smith[38] — ein allgemeines Interesse. Empirisch war und ist es allerdings gerade gegenteilig: Die Konkurrenz der besonderen individuellen Interessen ist schon in den französischen Revolutionsverfassungen[39] als durchaus zerstörerisch erkannt worden. »D. h. in der Form der Verfolgung seiner besonderen inhaltlichen Bestimmtheit läßt sich ein allgemeines Interesse nicht realisieren; die Besonderungen addieren sich nicht auf, sondern schließen einander in der Bewegung der Konkurrenz aus.«[40] Hieraus wird die systematische Notwendigkeit der Verdoppelung der Gesellschaft in Staat und Gesellschaft abgeleitet: Der Staat ist der Verwalter der allgemeinen Interessen aller Eigentümer und Eigentümerkategorien, weil die Konkurrenz die Befriedigung jener allgemeinen Interessen nicht nur nicht zu gewährleisten vermag, sondern sie im Gegenteil zu zerstören

[37] S. v. Flatow/F. Huisken: ›Zum Problem der Ableitung des bürgerlichen Staates. Die Oberfläche der bürgerlichen Gesellschaft, der Staat und die allgemeinen Rahmenbedingungen der Produktion‹, in: *Probleme des Klassenkampfes* 7 (1973), S. 83 ff, hier insbes. S. 101 ff.

[38] Vgl. hierzu die Ausführungen von H. Neuendorff: *Der Begriff des Interesses* . . ., S. 30 f, 73 ff.

[39] Vgl. hierzu U. K. Preuß: *Legalität und Pluralismus* . . ., S. 40 f.

[40] v. Flatow/Huisken: ›Zum Problem der Ableitung . . .‹, S. 119.

droht.[41] »Der Staat verkörpert die Loslösung der allgemeinen Interessen aus der Sphäre des Privaten und ihre Verwaltung in der Sphäre des Staates. Mit der Besonderung des Staates werden die allgemeinen Interessen zu seinen besonderen, deren Verwaltung allein ihm obliegt.«[42] Diese Verwandlung der allgemeinen Eigentümerinteressen in eine Sphäre der Besonderung – in die des Staates –, für den die allgemeinen Zwecke zu seinen besonderen werden, wird zur Ursache der relativen Autonomie des Staates erklärt.[43]

Nun kann aber die Tatsache und die Notwendigkeit der Existenz des Staates als einer von der Gesellschaft besonderten Sphäre nicht gleichzeitig zur Begründung seiner relativen Autonomie herhalten, es sei denn, man betrachtet es nicht nur als einen Schein, daß der Staat der Verwalter der allgemeinen Interessen *aller* Eigentümerkategorien ist, also auch der Eigentümer von Arbeitsvermögen. Ist er dies tatsächlich, d. h. verwaltet er tatsächlich, wenn auch nur in einer bestimmten Minimalsubstanz, die allgemeinen Interessen aller Gesellschaftsmitglieder, so ist er seiner Substanz nach kein Klassenstaat; seine relative Autonomie (gegenüber jeglicher Kategorie von Eigentümern) wäre dann nichts theoretisch Bemerkenswertes, sondern konsequenter Ausdruck der Funktion, differenzierte Interessen auszugleichen und auf einen Nenner zu bringen. Seine Allgemeinheit – nämlich Allgemeinheit der Eigentümerinteressen, einschließlich der Eigentümer von Arbeitsvermögen – wäre dann nicht Schein, sondern auch ihrem Inhalt nach wirklich, obwohl doch zuvor gerade die Oberfläche der bürgerlichen Gesellschaft – die Einteilung der Gesellschaftsmitglieder als Eigentümer unterschiedlicher Einkommensquellen – als notwendige Mystifikation bezeichnet wurde, die von der kapitalistischen Produktionsweise selbst erzeugt wird.

Methodisch ist es jedenfalls nicht zulässig, einerseits die Oberflächenerscheinungen der bürgerlichen Gesellschaft als Fetischisierungen und Schein zu bezeichnen, zum anderen aber auf der Grundlage dieses Scheins die reale Existenz des Staates und mit ihr seine relative Autonomie – wem gegenüber eigentlich? – zu begründen. Denn zwar ist es möglich, daß ein gesellschaftlicher Schein eine reale Grundlage hat – hier die Gemeinsamkeit der Interessen aller Gesellschaftsmitglieder als Eigentümer von je verschiedenen Vermögen –, aber es ist nicht möglich, diesen Schein der Allgemeinheit der Interessen zur Grundlage der Wirklichkeit des Staates und seiner relativen Autonomie zu erklären. Wenn die Wirklichkeit

[41] Ebd., S. 118 ff.
[42] Ebd., S. 121.
[43] Ebd., S. 121.

des Staates durch seinen Klassencharakter gekennzeichnet ist, dann kann diese Wirklichkeit nicht durch die klassenspezifische Gemeinsamkeit der Interessen aller Eigentümer bestimmt sein.

Es reicht allerdings nicht aus, darauf hinzuweisen, daß sich die Privatinteressen empirisch keineswegs zu einem allgemeinen Interesse harmonisch summieren. »Der Witz besteht nicht darin, daß, indem jeder sein Privatinteresse verfolgt, die Gesamtheit der Privatinteressen, also das allgemeine Interesse erreicht wird. Vielmehr könnte aus dieser abstrakten Phrase gefolgert werden, daß jeder wechselseitig die Geltendmachung des Interesses des anderen hemmt, und statt einer allgemeinen Affirmation, vielmehr eine allgemeine Negation aus diesem bellum omnium contra omnes resultiert. Die Pointe liegt vielmehr darin, daß das Privatinteresse selbst schon ein gesellschaftlich bestimmtes Interesse ist und nur innerhalb der von der Gesellschaft gesetzten Bedingungen und mit den von ihr gegebenen Mitteln erreicht werden kann; also an die Reproduktion dieser Bedingungen und Mittel gebunden ist. Es ist das Interesse der Privaten; aber dessen Inhalt, wie Form und Mittel der Verwirklichung, durch von allen unabhängige gesellschaftliche Bedingungen gegeben.«[44]

Die bisherigen Erörterungen haben den Zusammenhang zwischen ökonomischem Klassenverhältnis, Interessenpluralismus und der dialektischen Einheit vom Universalismus politischer Herrschaft und ihrer Aufhebung im Ausnahmezustand zu klären versucht; aus ihnen kann die Schlußfolgerung gezogen werden, daß eine Analyse derjenigen Prozesse, in denen Curricula für Schule und Hochschule durchgesetzt werden, keine bloße Interessenanalyse sein kann. Wenn wir festgestellt haben, daß sich das ökonomische Klassenverhältnis nicht auf der Ebene politischer Herrschaft verdoppelt, diese vielmehr durch einen scheinbar klassenunspezifischen Universalismus gekennzeichnet ist, so helfen alle Untersuchungen über die unterschiedliche Macht von Interessen nicht weiter; denn es geht um präzise Aussagen über die Faktoren, die Form und Inhalt von Curricula als Elemente institutionalisierter politischer Herrschaft bestimmen. Die Analyse muß sich daher jenem Vermittlungsprozeß zuwenden, in dem gesellschaftliche Interessen in Elemente universeller Herrschaft umgewandelt werden. Hier können wir damit rechnen, näheren Aufschluß über die relative Autonomie politischer Institutionen gegenüber dem ökonomischen Prozeß und gegenüber den dominanten Klassen zu erlangen.[45]

[44] K. Marx: *Grundrisse der Kritik der politischen Ökonomie*, S. 74.
[45] Aus Platzgründen ist es nicht möglich, auf die strukturalistische Interpretation des Phänomens der relativen Autonomie des Staates näher ein-

zugehen. Sie ist gleichwohl von großem theoretischem Interesse, weil sie ein eigenes Konzept für die Analyse gesellschaftlicher Widersprüche vorgeschlagen hat. Nach der strukturalistischen Lesart der Marxschen Theorie besteht das erkenntnistheoretische Prinzip der Kapitalanalyse von Marx nicht einfach in einer »expressiven Totalität der verschiedenen Ebenen des sozialen Ganzen, das von einem als Wesen begriffenen zentralen Subjekt ausgeht, sondern als Prinzip einer vorherrschenden Struktur. Es handelt sich um verschiedene Ebenen mit eigener Spezifität, relativer Autonomie mit besonderen Wirkungsbereichen, deren Einheit in der Determination, aber nur in letzter Instanz, durchs Ökonomische gründet.« (N. Poulantzas: ›Theorie und Geschichte. Kurze Bemerkungen über den Gegenstand des »Kapitals«, in: W. Euchner/A. Schmidt (Hg.): *Kritik der politischen Ökonomie heute. 100 Jahre ›Kapital‹. Referate und Diskussionen vom Frankfurter Colloquium 1967.* Frankfurt/M. 1972, S. 58–69, hier S. 63. – Diese Auffassung hat bedeutsame theoretische und praktische Implikationen; denn in ihr ist ein Konzept von gesellschaftlichen Widersprüchen enthalten, das nicht auf kausalen Mechanismen der Ökonomie, sondern auf der Komplexität einer Struktur beruht. Es eröffnet damit der Analyse den Zugang zu Phänomenen, die sich nicht als Ausdrucksformen der ökonomischen Bewegung interpretieren zu lassen scheinen. Poulantzas hat die These formuliert, daß die relative Autonomie des kapitalistischen Staates gegenüber dem Bereich der Ökonomie und gegenüber den herrschenden Klassen nicht aus augenblicklichen Konstellationen eines Klassengleichgewichts resultiere, sondern konstitutives Merkmal einer auf der Einheit der Staatsgewalt beruhenden politischen Herrschaftsorganisation sei (*Pouvoir politique et classes sociales.* Vol. II. Paris 1971, S. 80 ff, 104 ff). Sie sei nicht das Produkt geschichtlicher Subjekte, die Geschichte »machen«, sondern einer Struktur, die durch die spezifische Wirksamkeit der verschiedenen Strukturebenen bestimmt sei. (*Pouvoir politique* . . ., Vol. I, S. 8 ff, 20 ff) Als derartige Strukturebenen unterscheidet er die ökonomische, die politische, die ideologische und die theoretische. Ungeachtet der Determinierung des strukturierten Ganzen einer historisch bestimmten Gesellschaftsformation »in letzter Instanz« durch das Ökonomische sind doch die anderen Strukturebenen nicht lediglich Erscheinungsformen einer zentralen Instanz, die die Funktion eines geschichtlichen Subjekts innehat, noch besteht eine lineare Kausalität zwischen dem Ökonomischen und jenen Ebenen; vielmehr wird die Beziehung dieser Ebenen durch das strukturierte Ganze bestimmt, das jeder Strukturebene ihre Funktion zuweist, so daß jede Ebene durch die Beziehungen der anderen Ebenen determiniert ist (vgl. auch L. Althusser: ›L'objet du Capital‹, in: Althusser/Balibar: *Lire le Capital.* Vol. II. Paris 1973, S. 56 ff, hier S. 58 f). – Die Problematik dieses Ansatzes besteht u. a. darin, daß das Element gesellschaftlicher Praxis nicht selbst eine »Strukturebene« ist, sondern gleichsam als Produkt der komplexen Einheit der Globalstruktur fungiert (Poulantzas: *Pouvoir politique* . . ., Vol. I, S. 60 ff). Zwar ist seine polemische Wendung gegen jenen Anthropologismus berechtigt, der die gesellschaftlichen Beziehungen und ihre Widersprüche aus den Privatinteressen der Individuen ableitet und dabei verkennt, daß jene Privatinteressen die Form einer auf Warenproduktion beruhenden Vergesellschaftung darstellen; aber mit der rigiden Trennung einer geschichts- und subjektlosen Struktur als einer theoretischen Konstruktion von dem damit theoretisch inkommensurablen Bereich der gesellschaftlichen Praxis leistet er jenen handlungstheoretischen Konzepten Vorschub, in denen gesellschaftliche Praxis nur entweder als Dezisionismus oder als Vollstreckung von Sachzwängen konzipiert werden kann; vgl. zur Kritik an dieser marxistischen Version des Strukturalismus – gegen diese Klassifizierung verwahrt sich Althusser allerdings in der neuesten Auflage von *Lire le Capital,* vgl. S. 5 f – A. Schmidt: ›Der strukturalisierte Angriff auf die Geschichte‹, in: Ders.: *Beiträge zur marxistischen Erkenntnistheorie.* Frankfurt/M. 1969, S. 194–265; ders.: *Geschichte und Struk-*

tur, Fragen einer marxistischen Historik. München 1971; E. Mandel: Korreferat zu dem Referat von N. Poulantzas »Theorie und Geschichte. Kurze Bemerkungen über den Gegenstand des ›Kapitals‹«, in: W. Euchner/ A. Schmidt (Hg.): *Kritik der politischen Ökonomie heute* . . ., S. 69—71 sowie die weitere Diskussion; U. Jaeggi: *Ordnung und Chaos. Strukturalismus als Methode und Mode.* 2. Aufl. Frankfurt/M. 1970, insbes. S. 149 ff; L. Sève: *Marxismus und Theorie der Persönlichkeit.* Frankfurt/M. 1973, S. 75 ff; B. Guggenberger: ›Strukturalismus und Voluntarismus – der doppelte Angriff auf die Geschichte‹, in: *Zeitschr. f. Politik.* Bd. 20 (1973), S. 28—43. Selbstverständlich kam es mir hier nicht darauf an, eine umfassende Auseinandersetzung mit jener vor allem von Althusser repräsentierten theoretischen Richtung zu führen, sondern jene Elemente zu diskutieren, die von ihrem Anspruch her zur Beantwortung der hier aufgeworfenen Fragen beitragen können, dementsprechend ist die hier herangezogene Literatur auch keineswegs erschöpfend.

II. Der Vermittlungszusammenhang zwischen ökonomischem Klassenverhältnis und universalistischer politischer Herrschaft

1. Habitus und Persönlichkeit

Die französischen Bildungstheoretiker Bourdieu und Passeron haben den Zusammenhang zwischen ökonomischem Klassenverhältnis und der spezifischen Autonomie des Bildungssystems näher untersucht. Sie haben ein Konzept entwickelt, mit dem sie die »fiktive mondäne Alternative zwischen mechanischem Panstrukturalismus und affirmativer Behauptung der unverzichtbaren Rechte des schöpferischen oder historischen Subjekts zu überwinden« beanspruchen.[1] Sie untersuchen die Funktion, die das Bildungswesen für die Reproduktion der Klassenbeziehungen hat, indem sie die Struktureigenschaften analysieren, »die ein Bildungssystem seiner Eigenfunktion und den äußeren Funktionen dieser Eigenfunktion verdankt«, und diese »zu den sozial bedingten Einstellungen in Relation (setzen), die die am Bildungssystem als Sender oder Empfänger Beteiligten sowohl ihrer Herkunft und Klassenzugehörigkeit wie ihrer Zugehörigkeit zur Institution und ihrer Position in derselben verdanken«[2]. Die Vermittlungskategorie zwischen den Strukturen des Bildungssystems und der sozialen Praxis der Agenten des Bildungssystems ist der Habitus; das Relationssystem zwischen dem Bildungssystem und der Struktur der Klassenbeziehungen »verbindet die Strukturen mit der Praxis durch Vermittlung des Habitus als Produkt der Strukturen, welche Praxis produzieren und Strukturen reproduzieren«[3].

Die Autoren stellen fest, daß die Strukturen des Bildungswesens Verhaltensweisen und Einstellungen fordern und produzieren, die klassenspezifisch sind und deren Anerkennung die diese Verhaltensweisen produzierenden Strukturen wiederum reproduzieren. Es handelt sich hierbei um eine klassenspezifische Selektion im oben erörterten Sinne Offes. Entscheidend ist aber eben jene Struktur des Bildungssystems: Es deutet klassenbedingtes, durch den Habitus vermitteltes soziales Schicksal als »freie Berufung und persönliches Verdienst«[4] um und leistet damit die Legitimation dafür, daß das Bildungssystem als klassenneutral ausgegeben werden kann.

[1] P. Bourdieu/J.-C. Passeron: *Die Illusion der Chancengleichheit.* Stuttgart 1971, S. 209 ff, Zitat S. 220.
[2] Ebd., S. 219.
[3] Ebd., S. 220.
[4] Ebd., S. 225.

Das Bildungswesen ist der bevorzugte Gegenstand jener säkularisierten Theodizee – der Soziodizee –, nach der die freie Entfaltung der Persönlichkeit, ihre individuellen Fähigkeiten und Verdienste ihre Stellung in der Gesellschaft bestimmen.[5] So besteht die »verborgenste und spezifischste Funktion des Bildungssystems in der Tarnung seiner objektiven Funktion, das heißt der objektiven Wahrheit seiner Relation zur Struktur der Klassenbeziehungen«[6].

Die Beziehung des Bildungssystems zur Struktur der Klassenbeziehungen drückt sich in seiner »symbolischen Gewalt« aus. »Jede Macht zu symbolischer Gewalt, d. h. jede Macht, der es gelingt, Bedeutungen durchzusetzen und sie als legitim durchzusetzen, indem sie die Kräfteverhältnisse verschleiert, die ihrer Kraft zugrunde liegen, fügt diesen Kräfteverhältnissen ihre eigene, d. h. eigentlich symbolische Kraft hinzu.«[7] Die symbolische Gewalt vermittelt sich also über den Sozialisationsprozeß des Individuums. Sie kann daher nur in Strukturen produziert werden, die den Strukturen der Persönlichkeit korrespondieren. Sie müssen in der Lage sein, die Subjektivität der Persönlichkeiten aufzunehmen und in Funktionselemente der Durchsetzung von Bedeutungen umzuwandeln. Die Kategorie des Habitus bezeichnet möglicherweise diesen Vermittlungszusammenhang. Denn in ihr wird die Persönlichkeit weder als rein psycho-biologisches Faktum noch als rein interessengeleitetes Wesen aufgefaßt, sondern als praktischer Lebensprozeß. Dies ist insofern von Bedeutung, als damit die Möglichkeit eröffnet wird, einen theoretischen Zusammenhang zwischen den strukturellen Leistungen des Bildungssystems und der Praxis der ihm unterworfenen Individuen herzustellen, der sich nicht in der hilflosen Antinomie zwischen einem herrschaftlich organisierten Staat und einem um freie Selbstentfaltung und Mündigkeit ringenden Individuum erschöpft.

Wenn Habitus als persönliche lebensgeschichtliche Praxis begriffen wird, dann scheint er in der Tat geeignet, als Vermittlungskategorie zwischen dem Individuum und der Struktur der Klassenbeziehungen zu fungieren. Voraussetzung für die Klärung dieses Vermittlungszusammenhanges ist allerdings eine Theorie der Persönlichkeit, die die Einsicht aufnimmt, daß das »menschliche Wesen . . . in seiner Wirklichkeit . . . das ensemble der gesellschaftlichen Verhältnisse (ist)«[8].

[5] Ebd., S. 224.
[6] Ebd., S. 225.
[7] Bourdieu/Passeron: *Grundlagen einer Theorie der symbolischen Gewalt.* Frankfurt/M. 1973, S. 12.
[8] K. Marx: *Thesen über Feuerbach.* 6. These, in: MEW, Bd. 3, Berlin 1959, S. 6.

Einen Versuch in dieser Richtung hat der französische marxistische Philosoph und Psychologe Lucien Sève unternommen.[9] Er geht in seiner Theorie der Persönlichkeit von einigen Grundbegriffen aus, deren erster der Begriff der Handlung ist. Unter Handlung versteht er jedes Verhalten eines Individuums, das »als konkrete Aktivität betrachtet wird, das heißt auf eine Biographie bezogen. Anders gesagt, Handlung als (eventuell) eine bestimmte Anzahl von Aktivitäten produzierend, nicht bloß unmittelbar für das Individuum selbst, sondern für die Gesellschaft unter ihren konkreten Bedingungen, von Resultaten, die (eventuell) durch mehr oder minder komplexe objektiv-gesellschaftliche Vermittlungen zu den Individuen zurücklaufen. Die Handlungen sind die wesentlichen Elemente des theoretischen Bereichs der Biographie. Eine Persönlichkeit konkret kennen heißt zunächst die Gesamtheit der Handlungen kennen, aus denen sich ihre Biographie zusammensetzt.«[10]

Die Handlungen der Persönlichkeit resultieren aus ihrem Potential, Handlungen auszuführen. Der Begriff der Fähigkeit »zur Ausführung einer beliebigen Handlung auf beliebiger Stufe«[11] ist der zweite Grundbegriff der Theorie Sèves. Fähigkeit und Handlung stehen in einer dialektischen Beziehung zueinander. »Die Fähigkeit ist die individuelle Bedingung für die Ausführung der Handlung, aber die unermeßliche Mehrzahl der Fähigkeiten wird im Individuum selbst durch eine Gesamtheit von Handlungen, die wiederum Bedingung dafür ist, reproduziert und entwickelt.«[12] In der dialektischen Bewegung dieser Elemente vollzieht sich die Entwicklung der Persönlichkeit, aber in ihr ist die Triebkraft für diese Entwicklung noch nicht enthalten.

Häufig wird das Bedürfnis als diese Triebkraft menschlicher Aktivität angesehen, wobei die primär-biologischen Bedürfnisse gewissermaßen als invariante Urbedürfnisse angenommen werden. Sève setzt sich in einer längeren Diskussion mit der These, Bedürfnisse seien der Ausgangspunkt der Handlungen, auseinander und gelangt zu der Schlußfolgerung, daß nicht das Bedürfnis an und für sich es sei, das zum Handeln anreize, »sondern das Maß und die Bedingungen, unter denen es durch die entsprechende Aktivität befriedigt werden kann, mit anderen Worten, das Verhältnis zwischen möglichen Resultaten der Handlung und zu befriedigenden Bedürfnissen . . . kurz, das Verhältnis zwischen Produkt und

[9] L. Sève: *Marxisme et théorie de la personalité.* Paris 1972; deutsch: *Marxismus und Theorie der Persönlichkeit.* Frankfurt/M. 1973.

[10] Ebd., S. 316.

[11] Ebd., S. 318.

[12] Ebd., S. 318.

Bedürfnis«[13]. Dieses Produkt von Produkt zu Bedürfnis — P/B — ist der dritte Grundbegriff der Theorie Sèves.

Diese drei Grundbegriffe — Handlung, Fähigkeit, Verhältnis von Produkt zu Bedürfnis — sind die Ausgangspunkte einer Theorie der Persönlichkeit, sie bilden aber noch keine Struktur der Persönlichkeit im Sinne einer Biographie. Hierzu bedarf es der Erkenntnis der Dialektik der Aktivität in der Zeit, der »Einheit ihrer Tätigkeitsstruktur und ihres historischen Entwicklungsgesetzes«[14]. Die Struktur der Persönlichkeit als biographisches Ereignis wird erst begriffen, wenn man »das System der zeitlichen Verhältnisse zwischen den verschiedenen objektiven Aktivitätskategorien eines Individuums« entschlüsselt hat. »Der Zeitplan (ist) die wirkliche Infrastruktur der entwickelten Persönlichkeit ...«[15] Die zeitlichen Verhältnisse zwischen den verschiedenen objektiven Aktivitätskategorien — der Zeitplan in der Terminologie von Sève — ist, ebenso wie die Aktivitäten selbst, durch objektiv-gesellschaftliche Bestimmungen begrenzt. Sève unterscheidet »zwischen Aktivitäten der gesellschaftlich produktiven Arbeit einerseits und den unmittelbar auf das Selbst bezogenen Aktivitäten andererseits«[16].

Nun ist unter kapitalistischen Bedingungen gesellschaftlich produktive Arbeit nicht jede gebrauchswerterzeugende Aktivität. Der Arbeiter arbeitet nicht um der Herstellung eines bestimmten Gegenstandes willen, sondern um Lohn zu erhalten. Bezogen auf Bedürfnisse ist seine Tätigkeit abstrakt; produktive Arbeit ist in der kapitalistischen Gesellschaft prinzipiell nur durch abstrakte Arbeit möglich. Diese ökonomische Formbestimmtheit der Arbeit teilt sich auch der psychologischen Aktivität mit.

»Die Lohnarbeit wirkt sich vor allem durch die Kaufkraft des Lohns auf die Produktion und Reproduktion der Persönlichkeit aus.«[17]

Die konkreten psychologischen Aktivitäten haben einen entgegengesetzten gesellschaftlichen Charakter. Es sind die Handlungen »zur unmittelbaren Befriedigung persönlicher Bedürfnisse, das Erlernen von neuen Fähigkeiten, die nichts mit der Ausübung und den Erfordernissen der gesellschaftlichen Arbeit zu tun haben«[18]. Der Gegensatz zwischen diesen beiden Formen psychologischer Aktivität beherrscht die Persönlichkeitsstrukturen der Menschen in der kapitalistischen Gesellschaft, wobei es eine ganze Anzahl intermediärer Aktivitäten gibt, die diese beiden Elemente in unterschiedlicher Verbindung enthalten.[19]

[13] Ebd., S. 327.
[14] Ebd., S. 340.
[15] Ebd., S. 341.
[16] Ebd., S. 344.
[17] Ebd., S. 345.
[18] Ebd., S. 345.
[19] Ebd., S. 345 f.

Die Unterscheidung zwischen konkreter und abstrakter Persönlichkeit, besser: zwischen konkreter und abstrakter Aktivität ist nicht lediglich eine mechanische Übertragung der ökonomischen Kategorie der abstrakten und der konkreten Arbeit auf die Psychologie. Wenn die Dialektik von Handeln und Fähigkeiten der Ausgangspunkt der Persönlichkeitsanalyse ist, weil diese als gesellschaftlicher Lebensprozeß begriffen wird, so müssen Kategorien gefunden werden, die die Handlungen der Persönlichkeit für persönliche Bedürfnisbefriedigung und für unmittelbare interpersonale Beziehungen von jenen unterscheiden, die ihren Charakter aus dem Bezug auf die abstrakten Reproduktionsbedingungen erhalten. Die handwerkliche Herstellung einer Puppenstube für das Kind ist kategorial eine andere Aktivität als die Arbeit im Büro für den Lohn, mit dem man das tägliche Essen, Wohnen und die tägliche Freizeit finanziert.

Das Kriterium scheint in der Tat in der altmodischen Formel von der Gebrauchswertorientierung der Tätigkeit zu liegen. Das Standesbewußtsein des Handwerkers gründet in der Anerkennung der von ihm geschaffenen Gebrauchswerte, und selbst das Proletariat schöpfte sein geschichtliches Selbstbewußtsein aus der Erkenntnis der konkreten Nützlichkeit des von ihm geschaffenen Reichtums, wie sehr die Reichtumsproduktion auch an die Fesseln der abstrakten Kapitalverwertung gebunden war. Es gibt allerdings Tendenzen, diese Orientierung am Gebrauchswert des gesellschaftlichen Reichtums aus dem Bewußtsein der Massen zu löschen. »Die staatlichen Arbeitsbeschaffungsprogramme lassen alle Tätigkeiten tendenziell Beschäftigungstherapie werden, und die damit einhergehende Zerstörung der Gebrauchswerte nimmt deren Produzenten Selbstbewußtsein und Funktion. Das Wertgesetz wirkt nach seinem Untergang negativ und als reiner Zwang fort: Ohne Arbeit bekommt man kein Geld, aber mit Arbeit hat man es noch lange nicht verdient . . . Daher wird bei der Arbeit die Langeweile zur furchtbaren Tortur: das ewige Warten auf die Frühstückspause, die Toilettenpause, die Mittagspause und schließlich den Feierabend – ein Warten, das fast noch quälender wird, wenn der Produktionsablauf ins Stocken gerät und man untätig herumsteht.«[20] Man muß dieser Analyse nicht in allen Punkten folgen, um gleichwohl zu erkennen, daß die Trennung der psychologischen Aktivitäten der Persönlichkeit von ihren objektiven gesellschaftlichen Bedingungen wissenschaftlich nicht zu vertreten ist. Probleme, die unbegriffen als massenhafte Apathie und Aggression politische

[20] W. Pohrt/M. Schwarz: ›Wegwerfbeziehungen. Versuch über die Zerstörung der Gebrauchswerte‹, in: *Kursbuch* 35 (April 1974), S. 155–180, hier S. 160 f.

Dimensionen angenommen haben, dürften ohne eine in der Sèveschen Richtung vorangetriebene materialistische Psychologie nicht einmal angemessen formulierbar sein.

»Dialektisches Verhältnis zwischen Handlungen und Fähigkeiten ...; unaufhörliche Vermittlung zwischen Bedürfnissen und psychologischen Produkten und umgekehrt in Kreisläufen, die in ihrem tiefsten Inneren durch ihre Integration in das Gesamtsystem der Aktivität bestimmt sind; ferner, sich mit den vorgenannten Beziehungen überschneidend und ihnen übergeordnet, der in der lebendigen Einheit wirksame, über die intermediären Aktivitäten hinweggreifende Gegensatz zwischen der konkreten Persönlichkeit als Gesamtheit von unmittelbar persönlichen, vor allem konsumbezogenen Aktivitäten und der abstrakten Persönlichkeit als Gesamtheit von gesellschaftlich produktiven, aber entfremdeten Aktivitäten«[21] – hierin sieht Sève die Infrastruktur der Persönlichkeit. Es ist nicht die Aufgabe dieser Arbeit, dilettantisch eine eigene psychologische Theorie zu entwickeln oder auch nur kritisch zu rezipieren. Die ausführlichen Zitate der Sèveschen Theorie haben lediglich die Funktion, die Kategorie des Habitus als einer Vermittlungskategorie zwischen dem Individuum und den Klassenbeziehungen plausibel zu machen und daraus Folgen für bestimmte institutionelle Strukturen des Bildungswesens abzuleiten.

Allerdings bedürfen die von Sève entwickelten Elemente einer materialistischen Persönlichkeitstheorie der Präzisierung. Denn wenn die Handlungen der Persönlichkeiten durch gesellschaftliche Bestimmungen begrenzt sind, so sind sie auch nach ihren je spezifischen gesellschaftlichen Feldern zu differenzieren. Die ökonomische Formbestimmtheit des Interesses der Individuen liegt, wie wir gesehen haben, in seiner Einbettung in den Reproduktionsprozeß des Kapitals: Es ist an einen Prozeß gebunden, in dem Gesellschaft nur in der bewußtlosen Form einer nachträglichen Vermittlung privater ökonomischer Interessen hergestellt werden kann. Die Individuen treten sich als »Personifikationen ökonomischer Kategorien«[22] gegenüber und exekutieren gewissermaßen den Vergesellschaftungsprozeß. Individuelles Verhalten und objektive Verhältnisse vermitteln sich im Individuum; diesen Vermittlungszusammenhang bezeichnet Marx als Charaktermaske.[23]

[21] L. Sève: *Marxismus und Theorie der Persönlichkeit*, S. 354.
[22] K. Marx: *Das Kapital*. Bd. I (MEW, Bd. 23), S. 16, 100.
[23] Ebd., S. 100, 591; vgl. auch K. Ottomeyer: *Soziales Verhalten und Ökonomie im Kapitalismus. Vorüberlegungen zur systematischen Vermittlung von Interaktionstheorie und Kritik der Politischen Ökonomie*. Diss. phil. Bremen, hier S. 81 ff. Erlangen 1974.

Er ist durch den Widerspruch zwischen der lebendigen Subjektivität der Individuen und der Objektivität des ökonomischen Verwertungszusammenhanges gekennzeichnet und unterliegt in den unterschiedlichen Phasen des kapitalistischen Reproduktionsprozesses jeweils unterschiedlichen Bedingungen. Wenn man fragt, »welche Grundanforderungen müssen die wirklichen Subjekte in ihrer alltäglichen Wahrnehmung voneinander und in ihrem alltäglichen Verhalten zueinander erfüllen, welche Identitätsstrukturen müssen *sie* reproduzieren, um Moment . . . des übergreifenden Reproduktionsprozesses sein zu können«[24], so muß diese Frage für die Produktions-, Zirkulations- und die Konsumtionssphäre als unterschiedenen Momenten gesamtgesellschaftlichen Reproduktionsprozesses jeweils unterschiedlich beantwortet werden. Eine genauere Analyse dieses Fragenkomplexes kann im Rahmen dieser Arbeit nicht unternommen werden. Ich referiere hier lediglich in aller Kürze die Ergebnisse, die Ottomeyer in der oben zitierten Arbeit gewonnen hat. Sie zielt auf den Bereich, »wo die Charaktermaske auf dem Gesicht der sinnlichen Individuen aufliegt und als Formbestimmtheit in ihr konkretes Sozialverhalten und ihre Selbst- und Fremdwahrnehmung eingeht«[25].

Der kapitalistische *Produktionsprozeß* ist durch die widersprüchliche Einheit von Kapitalverwertung und konkretem, stoffbestimmtem Arbeitsprozeß gekennzeichnet. Das »Interesse« des Arbeiters am Produktionsprozeß ist das Interesse am Lohnquantum, das er für den Verkauf seiner Arbeitskraft erlangt. Es wird zu einem individuellen ökonomischen Privatinteresse. »Das ›Gattungs‹-Interesse an Vergegenständlichung im Arbeitsprozeß wird *für ihn* das Interesse an der Hervorbringung eines bestimmten Lohnquantums. Wenn auch das konkrete Arbeitsprodukt ganz an das Kapital fällt und dem Arbeiter verlorengeht, so hat doch im Lohn seine Arbeit für ihn durchaus ein *Resultat*, aber immer nur in quantifizierter Form.«[26] Aber dieses Interesse am abstrakten Charakter seiner Arbeit vermag das Interesse am realen gesellschaftlichen Charakter des Produktionsprozesses nicht vollständig zu verdrängen. Die Ergebnisse der Betriebssoziologie, die die Bedeutung der informellen Strukturen des Arbeitsprozesses hervorheben, bestätigen ungewollt das »Interesse« am sinnlichen Charakter gesellschaftlicher Produktion. Ohne dieses »Interesse« würde der Produktionsprozeß gar nicht funktionieren, da die — z. B. penible im Befolgen der Vorschriften liegende — völlige Gleichgültigkeit gegenüber seinem stofflichen Charak-

[24] K. Ottomeyer: *Soziales Verhalten und Ökonomie . . .*, S. 86.
[25] Ebd., S. 97.
[26] Ebd., S. 125.

ter absolute Desorganisation herbeiführen würde. So »erzwingt der sinnlich-konkrete Arbeitsprozeß immer wieder bewußte Kooperation. Dies bedeutet eine partielle Solidarisierung der Produzenten und bringt die Fähigkeit bzw. das Bedürfnis zu unmittelbarer gegenstandsbezogener Empathie hervor, was sich u. a. in der ausgeprägten ›sympraktischen Einbettung‹ der Kommunikation von Arbeitern ausdrückt.«[27] Es läßt sich sagen, daß die Produktionssphäre an den Arbeiter die widersprüchlichen Anforderungen der abstrakten Lohninteressenorientierung und damit eine gewisse Fähigkeit der »Selbstinstrumentalisierung« und gleichzeitig die Fähigkeit zur konkreten Kooperation, zur Solidarität stellt.[28]

In der *Zirkulationssphäre* treten die Individuen durch Tauschakte miteinander in Beziehung. Jeder »benutzt« den anderen als Mittel zur Befriedigung seiner Bedürfnisse, indem er eine Ware, die er besitzt, aber nicht benötigt, gegen eine andere Ware tauscht, die er benötigt, aber nicht besitzt. Der Tauschakt stofflich unterschiedlicher Gebrauchsgegenstände setzt ihre Vergleichbarkeit voraus, die in ihrem gesellschaftlichen Charakter als Wert — als vergegenständlichte abstrakte Arbeit — liegt. Der Tausch von gleichen Werten stellt den gesellschaftlichen Zusammenhang der Privatleute her, wobei die Tauschenden einander als Eigentümer von abstraktem Wert gegenübertreten. Insofern sind sie einander gleichgültig; aber gleichzeitig kann der Tauschakt nur gelingen, wenn sich die Tauschenden mit ihren Waren auf ihre wechselseitigen Bedürfnisse beziehen, d. h. das Interesse des Tauschpartners am Gebrauchswert der jeweils eigenen Ware erringen. Jeder »muß die Subjektivität seines Gegenüber erforschen, gerade weil er sie instrumentalisieren will«[29]. Zu dem wechselseitigen Versuch der Instrumentalisierung der Bedürfnisse des anderen für das eigene Interesse im Tausch tritt das Mißtrauen gegenüber dem anderen, von ihm instrumentalisiert zu werden. Die Zirkulationssphäre erlegt den Individuen ein Verhalten auf, das »von einer grundlegenden Gleichgültigkeit gegenüber dem Tauschpartner bei gleichzeitiger Einfühlsamkeit und ›Liebenswürdigkeit‹ angesichts seiner zu instrumentalisierenden Bedürfnisse gekennzeichnet ist. Die Ich-Identität des hier Interagierenden muß diese beiden Verhaltenselemente integrieren können, in Antizipation der fremden Überlistungsversuche ein tiefes Mißtrauen in sich aufgenommen haben und über die Fähigkeit der Härte, des ›Nicht-Weich-Werdens‹ verfügen.«[30]

[27] Ebd., S. 148.
[28] Vgl. K. Ottomeyer, a.a.O., S. 123 ff, 170.
[29] Ebd., S. 102.
[30] Ebd., S. 169.

Die *Konsumtionssphäre* scheint das Reich der »konkreten Persönlichkeit« im Sinne der Sèveschen Terminologie zu sein. Ihr Ort ist unter den gegenwärtigen gesellschaftlichen Verhältnissen vor allem die Familie. In ihr sollen die konkreten Persönlichkeiten in unmittelbare und zwanglose Beziehungen zueinander treten können, und insofern gilt sie als friedlicher und teilweise geradezu idyllischer Rückzugsposten vor der Härte und Brutalität der Produktions- und der Zirkulationssphäre. Als Bereich intimer Privatheit muß sie in der Tat ein Minimum an emotionaler Stabilisierung vermitteln, um die physische und psychische Reproduktion der individuellen Arbeitskraft zu ermöglichen. Dies kann aber durchaus nicht ungebrochen gelingen. Die Trennung der Sphäre der Produktion und der durch sie vermittelten gesellschaftlichen Erfahrungen vom »Intimbereich« der Familie abstrahiert auch die innerfamiliären Personenbeziehungen von jeglichem verbindlichen gesellschaftlichen Inhalt und reduziert sie auf eine diffuse Emotionalität. Andererseits zwingt die Rückzugsfunktion der Familie dazu, sie selbst im Sinne individueller psychischer Stabilität zu instrumentalisieren und damit eigenständige psychosoziale Beziehungen mit eigenen Ansprüchen und Konflikten gar nicht aufkommen zu lassen. Insofern ist die Familie ein Ort »zwangshafter Kompensation«[31] der in der Produktions- und der Zirkulationssphäre bestehenden Defizite an konkreter gegenstandsbezogener gesellschaftlicher Lebenstätigkeit und ein fruchtbarer Schoß für die verschiedensten Syndrome der autoritären Persönlichkeit.

Diese kurzen Andeutungen über die unterschiedlichen gesellschaftlichen Konstitutionsbedingungen sozialen Verhaltens sollen zeigen, daß der Habitus als Vermittlungsform zwischen objektiver gesellschaftlicher Struktur und Persönlichkeit keine rein psychologische Kategorie ist. Er ist die Vermittlungsform der »Verarbeitung« dieser gesellschaftlichen Struktur durch die Persönlichkeit. Daran wird deutlich, daß es unzureichend ist, das Verhalten der Individuen in den Institutionen als Verinnerlichung der in ihnen herrschenden Werte zu interpretieren. Man würde sich durch ein solches Verständnis der Erkenntnis der dialektischen Beziehung zwischen gesellschaftlichen Strukturen und den Aktivitäten der Persönlichkeit verschließen. Um diese Beziehung näher zu klären, muß sich die Analyse diesen gesellschaftlichen Strukturen zuwenden.

[31] Diesen Begriff übernimmt Ottomeyer, a.a.O., S. 161, von M. Neumann-Schönwetter: *Psychosexuelle Entwicklung und Schizophrenie.* Frankfurt/M. 1973, S. 21.

Die institutionelle Basis des Habitus sind die Verkehrsformen. Unter Verkehrsformen sollen hier die Formen verstanden werden, in denen die Mitglieder der Gesellschaft als Individuen mit der vorherrschenden Struktur der Vergesellschaftung vermittelt sind. Die kapitalistische Form der Vergesellschaftung beruht auf der Subsumierung der Arbeit unter die Verwertungsgesetze des Kapitals; diese formbestimmte Arbeit stiftet also eine spezifische Vergesellschaftung. Aber die Individuen vermitteln sich zu dieser Vergesellschaftungsform durch Handlungen in bestimmten Formen: den Verkehrsformen. Die Verkehrsformen der kapitalistischen Gesellschaft beruhen auf der Trennung der Individuen vom gesellschaftlichen Lebenszusammenhang, in den sie sich bewußt stets nur durch private Handlungen einbeziehen können: in das System gesellschaftlicher Arbeit durch das Interesse am Lohn, in die Sphäre der Konsumtion durch das Interesse an Entspannung und Kompensation von Gesellschaftlichkeit, die ihnen in der Produktionssphäre entzogen ist, in die Sphäre des Warenverkehrs mit der Orientierung, das eigene Interesse »als das des anderen ausschließend, ohne Beziehung darauf«, zu befriedigen.[32] Wie wir gesehen haben, bringt der gesellschaftliche Zwang zur privaten Interessenorientierung in der Produktionssphäre kompensatorische Elemente einer Orientierung am konkret-sinnlichen Charakter des durch Arbeit hergestellten gesellschaftlichen Zusammenhanges hervor — aber diese Orientierung entwickelt sich außerhalb der formellen Verkehrsformen. »Das Kapital muß über seine Agenten sozusagen ›augenzwinkernd‹ die Produzenten zum Unterlaufen der zunächst als unantastbar festgelegten Betriebshierarchie, zur informellen Kooperation auffordern . . . Im Phänomen der informellen Kooperation kommt es zu einer Reintegration von individuellem und Gattungsleben, aber unter einer Formbestimmtheit, die voller Widersprüche und Belastungen für die Kooperierenden ist.«[33]

Wenn wir den Prozeß der Vermittlung von bestimmten gesellschaftlichen Interessen mit der Sphäre politischer Herrschaft untersuchen, kommt es daher zunächst auf die Struktur und Wirkungsweise der formellen Verkehrsformen an, bevor die von ihnen verdrängten und sich gegen sie artikulierenden konkreten Verhaltensweisen der Individuen betrachtet werden. Die formellen Verkehrsformen institutionalisieren unterschiedliche Möglichkeiten privater Interessenverfolgung.

Die wichtigsten Verkehrsformen sind die tauschförmigen.

[32] K. Marx: *Grundrisse der Kritik der politischen Ökonomie*, S. 155.
[33] K. Ottomeyer: *Soziales Verhalten und Ökonomie . . .*, S. 138.

In ihnen sollen die Individuen wechselseitig und gewaltlos ihre privaten Interessen verfolgen und dadurch einen gesellschaftlichen Zusammenhang unter sich herstellen können. In den tauschförmigen Verkehrsformen — deren zentrale der Vertrag ist — sind die Individuen als freie und gleiche vorausgesetzt, weil von ihren individuellen und konkreten Eigenschaften und Beziehungen abstrahiert wird; Kriterium der Gerechtigkeit des Tausches ist nicht die Beziehung auf konkrete Lebensbedürfnisse, sondern die Äquivalenz der getauschten Gegenstände. (Von der vermittelnden Funktion des Geldes wird hier abgesehen.) Der Markt ist daher eine wesentliche Ausdrucksform kapitalistischer Vergesellschaftung, aber entgegen der Auffassung von Max Weber stiftet er keineswegs Vergesellschaftung.[34]

Die tauschförmigen Verkehrsformen sind freilich nicht die einzigen.

Das kapitalistische Wertgesetz setzt sich zum einen durch das gewaltlose und interessengeleitete Handeln der Individuen durch, aber dies ist nur eine notwendige, keineswegs hinreichende Bedingung der Funktionsweise kapitalistischer Vergesellschaftung. Hinzu tritt die Geltung formaler Regeln, die die Grenzen des interessengeleiteten Handelns der Individuen bezeichnen und die in der Regel zwangsweise durchgesetzt werden müssen. Die Beteiligung der Individuen an der Aufstellung dieser Ordnungsregeln und die Bedingungen ihrer Unterwerfung unter sie vermitteln die Individuen mit der der kapitalistischen Vergesellschaftung spezifischen Herrschaftsorganisation: Es sind die politischen Verkehrsformen des staatsbürgerlichen Freiheits- und Teilnahmerechts, zum anderen, als deren Komplement, das Prinzip der Legalität als Funktionsmodus der staatlichen Bürokratie.

Die Verkehrsformen der kapitalistischen Gesellschaft haben einen universalistischen Charakter, weil sie niemanden an ihrer Teilnahme ausschließen und keine andere Qualifikation als Teilnahmebedingung verlangen als die, die in der bürgerlichen Gesellschaft jeder Mensch hat: Er muß Rechtssubjekt sein.[35] Dieser universalistische Charakter der kapitalistischen Verkehrsformen ist eine der wichtigsten Quellen ihrer gesellschaftlichen Legitimation.

Bedeutsamer aber als dieser universalistische Charakter der Verkehrsformen ist die in ihnen implizierte Vorstellung, daß die sozialen Verhältnisse durch sie für die Individuen verfügbar werden. In den Formen des gesellschaftlichen Verkehrs, in denen jedermann gleich und frei über sich und sein Vermögen verfügen kann, bemächtigt sich das Subjekt seiner Lebens-

[34] Vgl. M. Weber: *Wirtschaft und Gesellschaft* . . ., S. 31.
[35] M. Weber spricht hier von »offenen« sozialen Beziehungen, S. 31.

bedingungen und wird gemeinsam mit den anderen Subjekten zum Herrn des gesellschaftlichen Prozesses. Daß schon Adam Smith von der »invisible hand« sprach, die eine allseitige gesellschaftliche Harmonie herstellen würde, gibt zwar zu denken, läßt sich aber doch immer noch wohlwollend in der Weise interpretieren, daß keine autoritative Instanz den Subjekten ihre Vergesellschaftungsformen vorschreibt. Die Vorstellung der Verfügbarkeit der gesellschaftlichen Beziehungen in den Verkehrsformen implizierte die Gewißheit, daß durch sie prinzipiell die gesellschaftlichen Produktionskräfte der bestmöglichen Bedürfnisbefriedigung aller Gesellschaftsmitglieder zugeführt würden.

Tatsächlich bewirkte die gesellschaftliche Freisetzung des Subjekts und die Entfaltung seiner privaten Interessen in den auf Freiheit und Gleichheit beruhenden Verkehrsformen das Gegenteil. Die »durch die Warenproduktion vorangetriebene Entkoppelung von Produktion und Bedürfnisbefriedigung ermöglicht erst eine relativ selbständige Entfaltung der Produktionsstruktur einerseits und der Bedürfnisstrukturen andererseits, wobei die vom Interesse der Kapitalverwertung gesteuerte Entwicklung der Produktionsstruktur potentiell mit der Entfaltung der Bedürfnisstrukturen ökonomisch (Absatz) und gesellschaftlich (mangelnde Befriedigung bestimmter Bedürfnisse) in Widerspruch geraten kann«[36].

Dieser Prozeß der Entkoppelung der Produktionsstruktur und der Bedürfnisstruktur entfaltet sich in den Verkehrsformen der freien Subjekte. Aber während die Kapitalakkumulation immanente Triebkraft der Entfaltung der Produktionsstruktur ist, ist die Bestimmung der konkreten und bedürfnisbezogenen Gebrauchsdinge, die als Träger von Wert fungieren sollen, eine Funktion von vielfältigen Umständen, die in einem dauernden Wechsel begriffen sind. »Da zwischen dem Wert und dem konkreten Gebrauchswert einer Ware keine Beziehung besteht, sondern das Wertsein einer Ware lediglich die abstrakte Bezogenheit auf ein gesellschaftliches Bedürfnis überhaupt voraussetzt, kann die Warenproduktion dem Privatinteresse überlassen werden, denn es vermag den allgemeinen Zusammenhang zwischen Ware und potentiellem Bedürfnis je nach seinem Interesse am besten inhaltlich zu erfüllen und kann dabei zugleich ein ganz anderes Ziel, die Akkumulation des Tauschwerts, verfolgen.«[37] Das Privatinteresse vermittelt über die Wirksamkeit der Verkehrsformen die kapitalistische Selbstverwertung mit dem Bereich der Bedürfnisse; es steuert den kapitalistischen Produktionsprozeß insoweit, als es unter dem Imperativ einer optimalen Kapital-

[36] H. Neuendorff: *Der Begriff des Interesses* . . ., S. 111 f.
[37] Ebd., S. 111.

verwertung die konkreten Vergegenständlichungen der produzierten Werte bestimmt.

Hierin liegt die reale Bedeutung des Subjekts in der kapitalistischen Gesellschaft; sie zeigt, daß die für seine Aktivität geschaffenen Verkehrsformen auch einen Gebrauchswert hatten. Das ist freilich nur die eine Seite. Denn komplementär zur Fiktion der Verfügbarkeit von Gesellschaft vermittels der Verkehrsformen besteht ihre reale Funktion der Selbstinstrumentalisierung der Individuen. Die Verkehrsformen zwingen die Individuen, die Perspektive eines durch ihre Bedürfnisse konstituierten gesellschaftlichen Zusammenhanges zu verdrängen und sich als freie Individuen zu Vermittlern eines von ihnen nicht beherrschten und durchschauten Lebensprozesses zu machen. Die Widersprüchlichkeit einer vorgeblichen Verfügbarkeit von Gesellschaft und die reale Selbstinstrumentalisierung der Individuen bestimmt die Doppeldeutigkeit der Verkehrsformen. Ihr universalistischer Charakter ist untrennbar mit ihrer latent repressiven Funktion verbunden. Syndrome der autoritären Persönlichkeit und der Brutalisierung der interpersonalen Beziehungen lassen sich daher eher als notwendige Erscheinungsform denn als Außerkraftsetzung der universalistischen Verkehrsformen interpretieren.

Der latent vorhandene krisenhafte Zusammenhang zwischen der Zweckabstraktion und der Gebrauchswertorientierung der Verkehrsformen löst sich in dem Maße auf, in dem die Verkehrsformen einen immer geringeren gesellschaftlichen Gebrauchswert haben. Daß gesellschaftliche Arbeit unter kapitalistischen Produktionsverhältnissen gegen Lohn, Macht, Ehre oder andere abstrakte Gegenleistungen geleistet wird, indiziert bereits den fundamentalen Sachverhalt, daß die Befriedigung von Bedürfnissen nur auf dem Wege über den Warenkonsum möglich ist, oder genauer: daß nur gesellschaftliche Bedürfnisse anerkannt werden, die sich durch Warenkonsum befriedigen lassen. »Im zunehmenden Maß wird Warenkonsum tatsächlich zu dem einzigen gesellschaftlichen Mittel, mit dem man die persönliche Sicherheit und Wohlfahrt erhöhen kann; und annehmbare Arbeit, Gemeinschaft und Umgebung muß man auf dem Markt kaufen.«[38]

Kalkül und Konkurrenz der Individuen sind die Grundregeln bürgerlicher Verkehrsformen, deren Bedeutung erst durch das sichtbar wird, was sie nicht leisten: Sie erlauben keine verbindliche Übereinkunft über gesellschaftliche Zwecke, inhaltliche Perspektiven oder über die Gebrauchswerte gesellschaftlich produzierter Produkte – Zwecksetzungen finden ent-

[38] H. Gintis: ›Politische Militanz und Gegenkultur: Zur Dialektik der Bewußtwerdung im Spätkapitalismus‹, in: Ders.: *Zur Dialektik der Bewußtwerdung im Spätkapitalismus.* Berlin 1974, S. 59.

weder als private Akte autonomer Persönlichkeiten oder als Dezisionen autoritativer Instanzen statt.[39] Diesen Tatbestand reflektiert die Spaltung der Persönlichkeit in abstrakte und konkrete Lebenstätigkeiten: »Die bürgerliche Gesellschaft kann ihre Individuen für das, was ihnen an Selbstverwirklichung in der Produktion von Beziehungen entgeht, nur in dem formalen Bereich der Anerkennung entschädigen, durch Lob und Belohnung oder indem ihnen Tadel und Strafe erspart bleiben. Dergleichen können die einzelnen zwar schwarz auf weiß nach Hause tragen; aber statt davon inhaltliche Orientierungshilfen für weitere Arbeit zu erhalten, können sie auf Titel und Ehren, zum Beispiel, nur gegenüber den anderen als Zeichen ihrer Übereinstimmung mit den geltenden Normen hinweisen.«[40]

Die Verkehrsformen sind die institutionelle Form des Widerspruchs zwischen den abstrakten und den konkreten Tätigkeiten der Individuen, wobei die konkreten, d. h. nicht tauschvermittelten Tätigkeiten in den Bereich der Privatheit abgedrängt werden, in dem ein Ergreifen der gesellschaftlichen Produktivität und damit die Entwicklung konkreter gesellschaftlicher Perspektiven nicht möglich ist.

In dieser Sphäre aber müssen die Folgen der individuellen Selbstinstrumentalisierung höchstpersönlich verarbeitet werden. Der latent repressive Charakter der universalistischen Verkehrsformen äußert sich in unterschiedlichen Formen von »Pseudogemeinschaften«, in die »jede Person . . . eine primäre Investition . . . zur Aufrechterhaltung eines *Gefühls* von Beziehung (einbringt)«[41], um die Isolation und Trennung von einem gegenständlichen Lebenszusammenhang zwanghaft zu kompensieren.

Die universalistisch-repressiven Verkehrsformen können nur Geltung haben, wenn sie jedenfalls ein Minimum an Bedürfnisbefriedigung vermitteln. Ohne einen derartigen gesellschaftlichen Gebrauchswert könnten sie nicht als Moment des Vergesellschaftungsprozesses fungieren. Wenn oben von der Legitimation der bürgerlichen Verkehrsformen gesprochen wurde, die aus ihrem Universalismus resultieren, so gilt diese Feststellung nur mit einer entscheidenden und heute möglicherweise aktuellen Einschränkung: Sie können diese Legitimation nur hervorbringen, wenn sie wenigstens das konkrete Leben der Gesellschaftsmitglieder durch Sicherung seiner elementaren Bedingungen reproduzieren. Diesen konkreten Ge-

[39] Vgl. R. zur Lippe: ›Objektiver Faktor Subjektivität‹, in: *Kursbuch* 35 (1974), S. 17.
[40] Ebd., S. 20.
[41] Wynne et al., in: Bateson et al. (Hg.): *Schizophrenie und Familie.* Frankfurt/M. 1969, S. 47; nach K. Ottomeyer: *Soziales Verhalten und Ökonomie . . .*, S. 168.

brauchswert scheint die Verkehrsform des Marktes immer weniger zu haben. Ja, sie hat im Gegenteil unmittelbar lebensbedrohende Tendenzen; Negt/Kluge nennen hier Massenmord und Krieg, die Zerstörung der ökologischen Grundlagen menschlichen Lebens durch einen ungehemmten kapitalistischen Wachstumsprozeß ist ein weiteres.[42]

Im Bereich politischer Herrschaft bahnt sich eine Umdefinition des Politikfeldes an; er läßt sich nicht länger ausschließlich mit den Kategorien des Interessenpluralismus, geschweige denn der abstrakten öffentlichen Gewalt beschreiben. »Benötigt wird jetzt eine Art politisches Quasi-Geld, nämlich soziale und politische Indikatoren, die sich als Beschreibungskategorien für politisch zu verantwortende Ist- bzw. Soll-Zustände eignen. Hier liegt das politisch und methodisch gleichermaßen interessante Problem der sozialen Indikatoren. Sein Kern besteht darin, daß beim Umschalten von Geld auf Quasi-Geld, von wachstumsorientierten auf politisch-*konkrete* Leistungsziele des politisch-administrativen Systems genau jene Abstraktion des Geldmediums verlorengeht, die den sozialen Frieden trotz der Gewaltverhältnisse einer kapitalistischen Gesellschaft verbürgt.« Das bedeutet, »daß zwar der Wert einer Ware ohne Befragung von oder Rücksichtnahme auf diejenigen, die sie hergestellt haben oder besitzen, also durch die soziale *Abstraktion* von Tauschprozessen gemessen werden kann; eine ähnliche Gleichgültigkeit gegenüber dem jeweiligen sozialen Substrat läßt sich nicht mehr durchhalten, wenn gesellschaftliche Bedingungen beschrieben und manipuliert werden sollen, die sich nicht als Tauschprozesse darstellen.«[43] Die Hervorhebung des Gebrauchswerts von Politik reflektiert offenbar den Tatbestand, daß die Funktionsweise der auf der Abstraktion von Zwecken beruhenden Verkehrsformen die aufbrechenden gesellschaftlichen Bedürfnisse nicht mehr zu befriedigen vermag.

Einübung in die gesellschaftlichen Verkehrsformen bedeutet demnach nicht lediglich Indoktrinierung der von diesen Verkehrsformen produzierten Legitimationen, sondern auch die Darstellung des Gebrauchswerts dieser Verkehrsformen. Es reicht nicht mehr aus, auf die »ungeheure Warensammlung« der kapitalistischen Gesellschaft hinzuweisen, um ihre universale Gerechtigkeit und ihren Humanismus zu demonstrieren. »Für den Begriff gesellschaftlicher Gebrauchswertproduktion geht es also vor allem auch um den Gebrauchswert gesellschaftlicher Verhältnisse. Diese Kategorie setzt eine von der

[42] O. Negt/A. Kluge: *Öffentlichkeit und Erfahrung. Zur Organisationsanalyse von bürgerlicher und proletarischer Öffentlichkeit.* 2. Aufl. Frankfurt/M. 1973, S. 147.

[43] C. Offe: »›Lebensqualität‹ – eine neue Friedensformel sozialdemokratischer Innenpolitik?« – Editorial zu *Leviathan* 1 (1974), S. 1–6, hier S. 5.

Gebrauchswertproduktion her bestimmte Formbestimmtheit gesamtgesellschaftlicher Produktion voraus; sie entscheidet darüber, ob ein gesellschaftlicher Reichtum produziert wird, den sich alle Menschen leisten können, ohne in unlösbare Widersprüche zu geraten. In diesem Sinne nennt Marx gesellschaftlichen Reichtum die vielseitige Entfaltung der menschlichen Gattungskräfte: Gesellschaftlichkeit — Kooperation — Freiheit — Bewußtsein — Universalität — Reichtum der Bedürfnisse und der subjektiven menschlichen Sinnlichkeit.«[44]

Die von Offe am Beispiel der »Lebensqualität« festgestellte Gebrauchswertorientierung der politischen Propaganda knüpft offenbar an dem zentralen Widerspruch der Verkehrsformen der kapitalistischen Gesellschaft an: daß sie nämlich Legitimationen produzieren, die durch ihren konkreten Gebrauchswert in sinnlich faßbarer Weise Lügen gestraft werden. Sollen sich die universalistischen Verkehrsformen nicht vollends auflösen — etwa in einem Korporativismus faschistischer Provenienz —, so müssen sie an konkrete Politiken gekoppelt werden, für die eine konkrete gesellschaftliche Allgemeinheit postuliert werden kann. Die Formel von der »Lebensqualität« ist für einen derartigen Vorgang exemplarisch: Es wird mit ihr ein verbindlicher gesellschaftlicher Lebenszusammenhang, gewissermaßen eine »gute soziale Ordnung« postuliert, an die die pluralistischen politischen Interessengruppen durch Appelle gebunden werden sollen. Ihrem Konkurrenzsystem wird dadurch ein gesellschaftlicher Gebrauchswert angesonnen, den sie aus strukturellen Gründen nicht hervorbringen können; die Interessenorientierung selbst — d. h. die Leugnung der Existenz eines nicht erst nachträglich durch die Konkurrenz hergestellten gesellschaftlichen Zusammenhanges — impliziert die Instrumentalisierung gesellschaftlicher Verhältnisse; sie kann konkrete Allgemeinheit nicht hervorbringen. Insofern stellt die politische Formel von der »Lebensqualität« lediglich ein Gebrauchswertsurrogat für die interessenpluralistischen politischen Verkehrsformen dar, deren realer Gebrauchswert — die Gewährleistung der Chance zur autonomen individuellen und privaten Bedürfnisbefriedigung — vom Anbeginn bürgerlicher Herrschaft für die Massen minimal war.

Gebrauchswertsurrogate bewirken aber langfristig keine Entlastung der universalistischen Verkehrsformen von der in sie gesetzten Erwartung, die Bedürfnisbefriedigung der Individuen zu vermitteln. Wie alle Gebrauchswertorientierungen werden auch diese Surrogate von den Massen ihrer konkreten Lebenssituation konfrontiert werden, wobei sie im Falle der Nichteinhaltung politisch »eingeklagt« oder im Falle der Realisierung — falls sie möglich sein sollte — zum Ausgangspunkt

[44] O. Negt/A. Kluge: *Öffentlichkeit und Erfahrung* . . ., S. 148.

weitergehender Forderungen werden dürften. Als Notbremse gegen diesen institutionalisierten Zugzwang zur Verbesserung der konkreten Lebensbedingungen der Massen hilft endlich nur die polizeiliche und militärische Gewalt. Dieser Zugzwang ist für die politisch Verantwortlichen, zumal für die sozialdemokratischen Regierungen mit ihrer spezifischen Wahlklientel, unentrinnbar. Denn die Geltung der bürgerlichen Verkehrsformen, die durch politisch-administrativ vermittelte Gebrauchswertsurrogate existenzfähig gehalten und durch einen massiven polizeilichen und militärischen Apparat flankiert werden müssen, ist eine notwendige Bedingung für die Konstitutionalisierung der gegebenen kapitalistischen Verhältnisse als nicht offen faschistisch. Sie vermitteln die formell gewaltlose Durchsetzung des kapitalistischen Wertgesetzes.

Im Maße der Entwicklung von Gebrauchswertsurrogaten fur die universalistischen Verkehrsformen tritt deren innere Gewaltsamkeit offen hervor. Mit dem Anwachsen der gesellschaftlichen Produktivität in dem heutigen Umfang wird die Beschränkung der Bedürfnisbefriedigung auf Warenkonsum und damit die Einschnürung der Bedürfnisse auf ein System abstrakter Belohnungen zunehmend terroristisch. Das Mißverhältnis zwischen der insgesamt geleisteten gesellschaftlichen Arbeit und ihrem konkreten Gebrauchswert – resultierend aus dem Zwang, die immense Produktivität in Waren für Individuen zu verwandeln – verwandelt die Arbeit tatsächlich zunehmend in Beschäftigungstherapie.[45] »Im Alltag der Gegenwart begegnet einem die Auflösung des Widerspruchs von Gebrauchswert und Wert dergestalt, daß kaum noch erkennbar ist, was sich mit den Dingen anders anfangen ließe als sie verkaufen, kaufen und wegschmeißen. Indem von diesem Kreislauf nur die physische Reproduktion als einzig unbestreitbarer Nutzen abfällt, erfüllt sich auf diese Weise Marxens Prognose von der wachsenden Verelendung.«[46]

Die Kraft der Verkehrsformen bewährt sich daher zunehmend nur noch in der Funktion, die abstrakte Reichtumsproduktion von der Beziehung auf die sich damit potentiell verändernde Bedürfnisstruktur zu entkoppeln, genauer: die Ent-

[45] Dies wird dem Zeitungsleser fast täglich anschaulich demonstriert. Als z. B. im Juni 1974 die europäische Weltraumbehörde ESRO den 600 Millionen-Auftrag zum Bau eines Weltraumlaboratoriums an die zum VFW/Fokker-Konzern gehörende Firma Erno in Bremen vergab, wurde in erster Linie sowohl von der Konzernleitung als auch von der Stadtregierung Bremens über die Bedeutung dieses immensen Kapitalzuflusses geredet. In zweiter Linie fanden sich Ausführungen über die moderne Technologie des Produkts, während sich niemand öffentlich darüber Gedanken machte, wofür dieses Geld und eine Technologie eigentlich aufgewendet wurden. Das Weltraumlaboratorium war offenbar lediglich der Vorwand für bestimmte ökonomische Strategien.

[46] W. Pohrt/M. Schwarz: ›Wegwerfbeziehungen ...‹, S. 176.

wicklung des Subjekts im Sinne der Bereicherung seiner gesellschaftlichen Beziehungen zu verhindern und es stets von neuem auf den Status dessen zu zwingen, der seine Bedürfnisse durch Warenkonsum befriedigt.

Die relative Autonomie des Staates und seiner Institutionen ist eine Funktion der Geltung der Verkehrsformen und der Entfaltungsmöglichkeit des Subjekts in ihnen. Der staatliche Schutz des Rechtssubjekts in der Form eines territorial umspannenden Apparates von Ordnungs- und Rechtsverwaltung bezog sich niemals auf die einzelnen konkreten Individuen — dafür wäre ein derart monströser Apparat nicht notwendig gewesen —, sondern auf das mit der Rechtssubjektivität gesetzte gesellschaftliche Verhältnis der Bedürfnisbefriedigung durch Warenproduktion und -konsum. Da aber dieses gesellschaftliche Verhältnis nur durch die zweck- und bedürfnisabstrahierte Orientierung des Rechtssubjekts funktionierte, mußte auch dieser Gewaltapparat nur die Formen dieser zweckabstrahierten gesellschaftlichen Bewegung der Subjekte garantieren — die Verkehrsformen. Seine Orientierung an Recht, Gesetz und Ordnung schloß prinzipiell eine Identifizierung mit besonderen Zwecken aus. Er war mit den in den Verkehrsformen hervorgebrachten, durch ihre strukturelle Beziehung auf die kapitalistische Produktion in spezifischer Weise deformierten Zwecken identifiziert, aber stets nur mittelbar: durch Identifizierung mit den Verkehrsformen.

Die Beziehung des Staates auf die Verkehrsformen ist die Funktionsbedingung seiner relativen Autonomie. Der für die Persönlichkeiten bestehende Zwang, ihre Bedürfnisse und Zwecke in tauschförmiger, durch Leistung und Lohn bestimmter Weise zu befriedigen, bedingt die zweckabstrakte und universalistische Struktur der Institutionen, die die Verkehrsformen garantieren und, wie das Bildungssystem, in sie einüben. In dieser Zweckabstraktion und diesem Universalismus besteht die relative Autonomie der Institutionen des kapitalistischen Staates.

Die staatliche Garantie der Verkehrsformen umgreift sowohl ihre Funktion zwangloser privater Interessenartikulation wie die mit ihr verbundene repressive Funktion der Selbstinstrumentalisierung der Individuen. Die politische Herrschaft des bürgerlichen Staates ist daher nicht allein durch ein alle Gesellschaftsmitglieder umfassendes allgemeines Gewaltverhältnis gekennzeichnet; die repressive Funktion der universalistischen Verkehrsformen äußert sich in den unterschiedlichsten Versionen besonderer Gewaltverhältnisse: die elterliche Gewalt in der Familie, die staatliche Anstaltsgewalt in der Schule, in den Fürsorge- und Justizvollzugsanstalten, die besondere Gewalt vor allem der staatlichen Sozialbürokratien über ihre jeweilige Klientel – diese besonderen Gewaltverhältnisse regulieren gewissermaßen die Kosten, die die Individuen für die Teilnahme an der Interessenkonkurrenz vermittels universalistischer Verkehrsformen zu zahlen haben: sei es vor dem Eintritt, sei es nach Ausscheiden aus der Konkurrenz. In ihnen wird entweder die Disposition zur Selbstinstrumentalisierung geschaffen, welche eine notwendige Bedingung des Funktionierens der universalistischen Verkehrsformen ist – vor allem in der Familie und in der Schule –, oder es findet eine Art gesellschaftlicher Entmündigung, eine gesellschaftliche Disqualifizierung statt, in der jegliche aktive Beteiligung am gesellschaftlichen Lebenszusammenhang unterbunden wird: so im Status des Fürsorgezöglings, des Strafgefangenen, des Sozialhilfeempfängers. Diese besonderen Gewaltverhältnisse sind also nicht Abnormitäten eines allgemeinen politischen Gewaltverhältnisses, durch das gewaltlose universalistische Verkehrsformen garantiert werden; sie sind vielmehr notwendige Erscheinungsformen der repressiven Funktion jener universalistischen Verkehrsformen.

In diesen besonderen Gewaltverhältnissen ist Herrschaft konkret, individual- und zweckgerichtet – das ganze Gegenteil also zum abstrakt-universalistischen Charakter des allgemeinen Gewaltverhältnisses. Und doch teilt sich dieser abstrakt-universalistische Charakter des allgemeinen Gewaltverhältnisses den besonderen in eigentümlicher Weise mit: entsprechend der für die kapitalistische Vergesellschaftung konstitutiven Trennung der Individuen von ihrem gesellschaftlichen Zusammenhang, der ihnen als abstrakte Allgemeinheit gegenübertritt, richtet sich auch die Sozialisation des Kindes oder die gesellschaftliche Disqualifizierung derjenigen, die aus dem Konkurrenzsystem ausgeschieden worden sind, auf deren menschliche Grundqualifikation zur Vergesellschaftung. Im Individuum wird gewissermaßen das Gattungswesen unterdrückt, so daß noch im besonderen Gewaltverhältnis auf das unterdrückte Allgemeine im Menschen Bezug genommen wird.[47] Insofern wird auch in ihnen Herrschaft im Sinne ab-

[47] Diese spezifische Form der Unterdrückung ist daher auch durchaus nicht historisch universal. In feudalen Verhältnissen zielte Unterdrückung in der extremen Form der Folter auf den konkret-sinnlichen Menschen, sein Fleisch und Blut, seine konkrete Leidensfähigkeit, weil die Gewaltverhältnisse selbst konkret waren. Unter den Bedingungen einer rechtsstaatlichen Demokratie ist zunehmend die Tendenz zu beobachten, die extremste Form der Unterdrückung durch totale – sensorische und soziale – Isolation zu vollziehen. Sie zielt auf die Gattungsqualifikation im Individuum, weil von ihr die größten Gefahren für ein Gesellschaftssystem ausgehen, das den Individuen ihren gesellschaftlichen Lebenszusammenhang vorenthält. Insofern kann man zu Recht von der sensorischen und sozialen Isolation als von einer modernen Form der Folter sprechen; vgl. hierzu die Dokumentation in: *Kursbuch* 32. Berlin 1973.

strakter Gewalt ausgeübt, wenn auch nicht in der Form der Selbstinstrumentalisierung durch die universalistischen Verkehrsformen, sondern in der Form der Fremdinstrumentalisierung durch den Herrn: die Eltern, den Staat als Anstaltsherrn.

Schließlich ist ein weiteres Moment der Geltung universalistischer Verkehrsformen zu erwähnen; es ist ihre dialektische Negation im »Ausnahmezustand«. In ihm vermittelt sich das abstrakte Allgemeine der Gesellschaft nicht über die politischen Verkehrsformen staatsbürgerlicher Rechte und interessenpluralistischer politischer Konkurrenz, sondern es wird unmittelbar gewaltsam durch Bürokratie, Militär und Polizei durchgesetzt. Allgemein gesprochen ist der »Ausnahmezustand« eingetreten, wenn selbst die abstrakte Allgemeinheit des gesellschaftlichen Lebenszusammenhanges gefährdet ist. Dies ist regelmäßig der Fall, wenn ihre wesentliche Funktionsbedingung, der private Charakter der Arbeit und der durch sie vorangetriebene Prozeß der Selbstverwertung des Kapitals, zu entfallen droht und die Ergreifung des gesellschaftlichen Charakters der Arbeit durch die Massen auf der Tagesordnung steht. Auch hier wird, wie in den skizzierten besonderen Gewaltverhältnissen, Herrschaft konkret und zweckgerichtet, weil die für die Reproduktion des Vergesellschaftungszusammenhanges notwendigen Zwecke sich nicht mehr über die Verkehrsformen vermitteln. Die Ausübung von Zwang wird unmittelbar. Aber auch hier bleibt die dialektische Beziehung zum Universalismus politischer Herrschaft und der sie vermittelnden Verkehrsformen erhalten: Die konkrete Gewaltsamkeit ist gewissermaßen lediglich die Manifestation der latenten Gewalt, die durch den Zwang der Individuen zur Selbstinstrumentalisierung in den universalistischen Verkehrsformen enthalten ist. Sie schlägt in Fremdinstrumentalisierung der Gesellschaftsmitglieder durch Polizei und Militär um, aber es bleibt eine Instrumentalisierung für die abstrakte Allgemeinheit des gesellschaftlichen Zusammenhanges. Auch der »Ausnahmezustand« bedeutet also nicht unmittelbare und direkte Bindung des staatlichen Gewaltpotentials an eine bestimmte soziale Klasse oder Gruppe — was man dann eine explizite Klassen- oder Gruppenherrschaft nennen könnte —, sondern die Unterdrückung des Gattungswesens der Gesellschaftsmitglieder durch unmittelbare Fremdinstrumentalisierung ihrer Grundqualifikation zur Vergesellschaftung.[48]

[48] W. Lefèvre: *Zum historischen Charakter und zur historischen Funktion und Methode bürgerlicher Soziologie*. Frankfurt/M. 1971, begreift diesen Sachverhalt als Widerspruch zwischen der allgemeinen Form des Staates und seinem klassenspezifischen Inhalt, vgl. S. 86: »Mit der Entfaltung der kapitalistischen Produktionsweise mußte der Inhalt dieses Staates — nämlich daß er das Wertgesetz, also die Klassenherrschaft der Bourgeoisie,

Das Freiheitliche der »Normalität« liegt danach in dem Funktionieren des Systems der Selbstinstrumentalisierung, deren gesellschaftliche Form, wie wir gesehen haben, die universalistischen Verkehrsformen sind.

Es läßt sich danach die Hypothese formulieren, daß sich konkrete Interessen gesellschaftlicher Gruppen weder im allgemeinen politischen Gewaltverhältnis noch in den besonderen Gewaltverhältnissen, noch im »Ausnahmezustand« unmittelbar in der Weise durchsetzen, daß das staatliche Gewaltpotential für sie instrumentalisiert wird. Der Universalismus politischer Herrschaft bedeutet nicht ihre Offenheit für beliebige Interessen, deren stärkstes sich des Staatsapparates bemächtigt — er bedeutet die gewaltsame Garantie einer Sphäre abstrakter Allgemeinheit, weil nur sie gewährleistet, daß die gesellschaftliche Arbeit ein System von Privatarbeiten ist und sich nicht zur bewußten gesellschaftlichen Arbeit emanzipiert. Die Gewährleistung der universalistischen Verkehrsformen, ihre Entlastung von Ansprüchen an ihren gesellschaftlichen Gebrauchswert durch gebrauchswertorientierte surrogate Politiken und die Disziplinierung des Gattungswesens der Individuen sind auf dieses »allgemeine Interesse« zentriert. Die historische Singularität dieses Systems politischer Herrschaft besteht darin, daß gerade in diesem abstrakt »allgemeinen Interesse« die bürgerliche Klassenherrschaft beschlossen ist.

3. Das Ende der Verkehrsformen?

Eine zentrale Kategorie dieses politischen Herrschaftssystems ist das autonome Subjekt. Als juristische Konstruktion ist es das Ensemble von anerkannten privaten Handlungsmöglichkeiten, vermittels derer es seine Interessen verfolgen kann. Auf das Rechtssubjekt hin ist ein großer Teil der gesellschaftlichen Verkehrsformen verfaßt. Es scheint allerdings, als verliere das Rechtssubjekt unter den Bedingungen der monopolistischen Konzentration von Kapital und der Verwandlung von immer mehr Märkten in Herrschaftssphären weniger Ka-

schützt — in Konflikt mit seiner Form der Allgemeinheit geraten. Deshalb finden sich in der Geschichte der kapitalistischen Staaten Perioden, in denen die Form des Staates angesichts gewachsener gesellschaftlicher Widersprüche seinem Inhalt angepaßt wird, in denen es also zur offenen Diktatur kommt. Auch wenn diese Diktaturen wohl nirgends *direkt* von der Bourgeoisie ausgeübt wurden, und auch wenn nach ›Befriedung‹ der Klassenwidersprüche diese Diktaturen in der Regel wieder durch ›demokratische‹ Regierungsformen abgelöst wurden, kann die latente Diktatur als normale Staatsform des entwickelten Kapitalismus angesehen werden, zumal die Momente, die dem bürgerlichen Staat die Form der Allgemeinheit verleihen, als Momente einer Halbdiktatur anzusehen sind.«

pitalgruppen zunehmend an Bedeutung. Die rechtswissenschaftliche Uminterpretation bürgerlicher Verkehrsformen des Privatrechts und der politischen Demokratie in Ordnungselemente[49] scheint anzuzeigen, daß sich die Garantie des gesellschaftlichen Verhältnisses der Kapitalverwertung nicht mehr primär über die freie und autonome Bewegung des Rechtssubjekts vermitteln kann. Es existieren in allen entwickelten kapitalistischen Ländern Westeuropas sowie in den USA differenzierte gouvernementale und administrative Instrumente, mittels deren unmittelbar durch den Einsatz der nationalstaatlichen Zentralgewalt die Durchsetzung des Wertgesetzes garantiert wird; zum anderen ist auch in der »klassischen« Sphäre des Warentauschs an die Stelle des selbstbestimmten Kontrahierens das einseitige Diktat der Geschäftsbedingungen der wirtschaftlichen Oligopole getreten. Unter diesen Bedingungen scheint die für die bürgerliche politische Verfassung zentrale Kategorie des Subjekts obsolet geworden zu sein, ohne daß wir es mit einer faschistischen Herrschaft zu tun haben. Die um das Subjekt zentrierten wirtschaftlichen und politischen Verkehrsformen scheinen zu reinen Legitimationstopoi denaturiert zu sein.[50] Ein Schein aber, der in den gesellschaftlichen Verhältnissen keine reale Grundlage hat, könnte wohl kaum die Existenz der gegenwärtigen parlamentarischen Demokratien des Westens tragen. Und in der Tat wäre diese Schlußfolgerung auch voreilig.

Wenn seit einigen Jahrzehnten implizit und in der Bundesrepublik seit 1967 auch explizit das gesamtwirtschaftliche Gleichgewicht im Sinne der Stabilität des Preisniveaus, eines hohen Beschäftigungsstandes, außenwirtschaftlichen Gleichgewichts bei stetigem und angemessenem Wirtschaftswachstum (Art. 109 Abs. 2 i. V. mit § 1 des Gesetzes zur Förderung der Stabilität und des Wachstums der Wirtschaft, StabG) zum Inhalt einer politischen Garantie des Staates geworden ist, so wird auch explizit das Funktionieren der wirtschaftlichen Mechanismen der Kapitalverwertung in die Funktionsbestimmung der zuständigen politischen Institutionen aufgenommen. Die Dialektik von regelhaften Verkehrsformen und

[49] Grundlegend hierzu F. L. Neumann: ›Der Funktionswandel des Gesetzes im Recht der bürgerlichen Gesellschaft‹, in: Ders.: *Demokratischer und autoritärer Staat. Studien zur politischen Theorie.* Frankfurt/M.–Wien 1967, S. 31–81; vgl. auch U. K. Preuß: ›Gesellschaftliche Bedingungen der Legalität‹; zum Bereich der Vertragsfreiheit und der Tarifautonomie vgl. die Darstellung von W. Däubler: ›Formale oder materielle Selbstbestimmung? Zur rechtswissenschaftlichen Diskussion um die Vertragsfreiheit‹, in: M. Greiffenhagen (Hg.): *Emanzipation.* Hamburg 1973, S. 114–134, jeweils mit weiteren Hinweisen.

[50] So vor allem C. Offe: ›Klassenherrschaft und politisches System . . .‹; auch noch U. K. Preuß: ›Gesellschaftliche Bedingungen der Legalität‹, insbes. S. 102 ff.

den aus ihrer Dynamik herausgetriebenen, von ihnen nicht mehr getragenen Ausnahmezwecken scheint stillgestellt. Sie kann sich nur entfalten, wenn sich über die freie Bewegung der Subjekte die Mechanismen der Vergesellschaftung und ihre notwendigen Widersprüche vermitteln, die die Allgemeinheit staatlicher Garantien voraussetzen und mit eherner Notwendigkeit seine konkreten Maßnahmen herausfordern. Gerade weil das Funktionieren der kapitalistischen Vergesellschaftung nicht unmittelbar in die politische Verantwortung des Staates fiel, sondern immer erst nachträglich in den allerdings notwendig produzierten Grenzfällen, in denen sie die materiellen Existenzbedingungen der Subjekte zu zerstören drohte, war die Kategorie des Subjekts für den bürgerlichen Staat ebenso konstitutiv wie die damit gesetzte widerspruchsvolle Bewegung des Staates als Garant des Allgemeinen und als Vollstrecker jener Maßnahmen, die in den allgemeinen Verkehrsformen strukturell nicht erbracht werden konnten.

Wird »im Rahmen der marktwirtschaftlichen Ordnung«[51] mit der Verantwortung für das gesamtwirtschaftliche Gleichgewicht unmittelbar und planvoll die politische Verantwortung für das Funktionieren der kapitalistischen Vergesellschaftung übernommen, so könnte dies zunächst bedeuten, daß sich damit der Staat auch explizit als bürgerlicher Klassenstaat konstituiert.

Eine derartige Annahme wäre freilich nicht sehr plausibel. Würde die gewaltsame Garantie des gesellschaftlichen Verhältnisses der Kapitalverwertung durch den Staat unmittelbar und direkt geleistet — also nicht vermittelt über den Schutz der Subjektivität der Individuen —, so könnte dieses System langfristig nicht existieren: es müßte ein System unmittelbarer Klassenherrschaft sein, mit klassenspezifischen Rechten und Pflichten, als deren wichtigste die Arbeitspflicht der Angehörigen des Proletariats anzusehen ist. Dies würde direkte Herrschaftsbeziehungen zwischen den Kapitalisten und den Arbeitern implizieren und langfristig auf eine Reichtumsproduktion hinauslaufen, in der an die Stelle der Verwertung von Kapital die direkte Gebrauchsgüterproduktion für die herrschende Klasse treten würde — ein System, das nicht nur aufgrund seiner politischen Widersprüche nicht lebensfähig wäre, sondern vor allem wegen des damit verbundenen notwendigen technologischen und sozialen Stillstandes.

Tatsächlich bedeutet auch die unmittelbare Verantwortung des Staates für ökonomische Wachstums- und Stabilitätsvorsorge nicht seine Konstituierung als expliziter Klassenstaat. Solange Kapital fungiert, ist es an die Gesetze seiner Verwertung gebunden. Das bedeutet, daß der Wechsel der Anlage-

[51] So § 1 des StabG.

möglichkeiten möglich sein muß, und damit die wechselnde Freisetzung und Inanspruchnahme der Arbeitskraft. Ihr Gebrauchswert für das Kapital kann nicht unmittelbar gewaltsam — also ohne Vermittlung des Arbeitsvertrages — angeeignet werden, ohne daß damit nicht gleichzeitig die Verantwortung für die konkreten Lebensbedingungen der arbeitenden Massen der Klasse der Kapitaleigner anheimfiele. Denn dann wären die Arbeiter nicht »frei« in dem Sinne, daß ihre Selbsterhaltung ihre Privatangelegenheit ist. Gerade die Privatisierung dieses Interesses und aller anderen Interessen an der Befriedigung von Bedürfnissen ist eine notwendige Bedingung dafür, daß der gesellschaftliche Reichtum als Kapital fungieren kann. Der kapitalistische Selbstverwertungsprozeß setzt daher die prinzipielle Geltung jener Verkehrsformen voraus, mittels deren sich die Individuen im Wege der Selbstinstrumentalisierung seiner stummen Gewalt unterwerfen und sich dadurch mit dem gesellschaftlichen Lebensprozeß vermitteln.

Gleichwohl haben sie gegenüber der Phase ihrer Konstituierung in der Frühphase der kapitalistischen Entwicklung und des politischen Emanzipationskampfes des Bürgertums einen Funktionswandel erlebt.

Wie wir gesehen haben, unterstellen die Verkehrsformen in ihrem ursprünglichen Pathos, von dem sie in den Köpfen der Ideologen noch heute weitgehend leben, die Verfügbarkeit der gesellschaftlichen Beziehungen durch die Gesellschaftsmitglieder sowie die Vermittlung der gesellschaftlichen Arbeit mit dem System der Bedürfnisse. Die Geschichte des Frühkapitalismus zeigt deutlich, daß dieser Anspruch nicht eingelöst werden konnte. Erst mit der Organisation der Arbeiterbewegung und ihrem gewachsenen politischen Einfluß zerfiel jene Fiktion auch praktisch politisch. Bereits in der Bismarckschen Sozialgesetzgebung, deutlicher noch seit dem Ende des Ersten Weltkrieges, lockerte sich der über die Verkehrsformen zu vermittelnde Zusammenhang zwischen gesellschaftlicher Arbeit, Kapitalverwertung und dem System der Bedürfnisse. Die staatliche Gewalt garantiert nicht mehr primär die Freiheit des Subjekts als der juristischen Form eines gesellschaftlichen Verhältnisses, in dem die individuelle Selbstinstrumentalisierung durch die Verkehrsformen den Prozeß der Kapitalverwertung vorantreibt; sie garantiert die einzelnen Elemente dieses Vermittlungszusammenhanges gewissermaßen einzeln: die Selbstverwertung des Kapitals durch Sicherung oder Schaffung von Anlagemöglichkeiten; die Unterwerfung der Arbeitskraft der Individuen unter die Bewegung der Selbstverwertung des Kapitals — ein Prozeß der individuellen Selbstinstrumentalisierung, der in dem Maße in eine Fremdinstrumentalisierung umzuschlagen droht, in dem die selbstinstrumentalisierenden

Verkehrsformen die Befriedigung von Bedürfnissen nicht zu vermitteln vermögen – einerseits durch verstärkte Repression, andererseits durch Umdefinition von Arbeit in (inhaltsindifferente) Beschäftigung; schließlich durch eine Sozialpolitik im weitesten Sinne, in der ein großer Teil individueller und gesellschaftlicher Bedürfnisse administrativ geregelt wird.

Diese Tendenz läßt sich am Beispiel der Vollbeschäftigungspolitik erläutern. In dem Begriff kommt zunächst das Interesse zum Ausdruck, daß möglichst alle Arbeitsfähigen beschäftigt werden. Nicht *was* sie tun, ist bedeutsam, sondern *daß* sie überhaupt etwas tun. Ihrem Inhalt nach bedeutet Vollbeschäftigungspolitik die Bemühung um so viele Anlagemöglichkeiten für Kapital, daß alle vorhandenen Arbeitskräfte von ihm aufgesogen werden können. Andererseits bedeutet die politische Programmatik der Vollbeschäftigung kein individuelles Recht auf Arbeit; das »Beschäftigungsrisiko« für den Arbeiter besteht weiterhin. In einem »Recht auf Arbeit« kommt der Anspruch des Arbeiters, durch nützliche Arbeit seine subjektiven Bedürfnisse zu befriedigen, immerhin noch verzerrt zum Ausdruck; verzerrt insofern, als der Anspruch auf Teilnahme am durch Arbeit konstituierten gesellschaftlichen Zusammenhang als privates Interesse angemeldet werden muß. In der Politik der Vollbeschäftigung dagegen wird dieser Zusammenhang auseinandergerissen: es geht nur noch darum, daß Kapital fungieren kann und daß die Individuen beschäftigt werden. Während in der Forderung nach einem »Recht auf Arbeit« noch die Ambivalenz von Gebrauchswert und Tauschwert des Arbeitsvermögens steckt, ist sie in der Politik der Vollbeschäftigung vollends ausgelöscht. Unter diesem Gesichtspunkt ist die vornehmlich für die Vereinigten Staaten von Amerika getroffene Feststellung, daß weite Teile des Bildungswesens der Absorption überschüssiger Arbeitskraft dienen, äußerst plausibel: Der Gebrauchswert der Arbeitskraft wird für große Teile der Bevölkerung institutionell abgeschafft.[52]

Die Bildungspolitik ist dabei nur eine Version der administrativen Steuerung der durch private Arbeit nicht zu befriedigenden Bedürfnisse. Wohnungspolitik, Konsumentenpolitik, Sozialpolitik im engen Sinne begründen je unterschiedliche sozialstaatliche Leistungs- und Lenkungssysteme, die einen höheren Grad der Vergesellschaftung von elementaren Bedürfnissen herbeiführen. Auch sie sind durch die Abstraktion der Individuen vom gesellschaftlichen Lebenszusammenhang gekennzeichnet: es handelt sich bei ihnen überwiegend um

[52] C. Offe: *Bildungssystem, Beschäftigungssystem und Bildungspolitik – Ansätze zu einer gesamtgesellschaftlichen Funktionsbestimmung des Bildungssystems*, S. 47 f.

Systeme der sozialen Entschädigung in Geld, dem abstrakten Tauschmittel schlechthin.

Die Entlastung der Verkehrsformen von ihrem Anspruch der Vermittlung der Systeme der gesellschaftlichen Arbeit und der Bedürfnisse hat allerdings ihre eigene Dialektik. Offe hat darauf hingewiesen, daß die vor allem von sozialdemokratischen Regierungen proklamierte Politik der Vollbeschäftigung zu einer Umdefinierung der Arbeitslosigkeit als »›schuldhaftes‹ und daher ›einklagbares‹ Versagen politisch-administrativer Steuerung« geführt und das politische System unter einen Legitimationsdruck durch die Massen gesetzt habe, der in letzter Konsequenz zur Verschärfung politischer Repression und Disziplinierung führen müsse.[53]

In der Tat erweckt eine stärkere Gebrauchswertorientierung staatlicher Politik den Eindruck einer gelungenen Synthesis von gesellschaftlicher Allgemeinheit — repräsentiert durch den Staat — und Bedürfnisbefriedigung, weil hier die Trennung der Individuen von ihrem gesellschaftlichen Zusammenhang aufgehoben zu sein scheint. Sie löst damit Erwartungen und Ansprüche aus, die nicht erfüllt werden können. Denn diese Politik kann und soll nicht den gesellschaftlichen Arbeitsprozeß von den Fesseln seiner privaten Form befreien, sondern deren Folgekosten kompensieren. Ihre Ambivalenz drückt sich sowohl in den repressiven Maßnahmen aus, durch die Ansprüche auf gesellschaftliche Allgemeinheit unterdrückt werden, als auch in jenen sozialstaatlichen Politiken, die eine Integration der Individuen in abstrakte soziale Entschädigungssysteme bewirken.

Auch wenn der Vermittlungszusammenhang zwischen gesellschaftlicher Arbeit, universalistischen Verkehrsformen und dem System der Bedürfnisse in der skizzierten Weise auseinandergerissen ist, so bedeutet dies doch keinesfalls die Überflüssigkeit der Verkehrsformen. Ohne den freien Lohnarbeiter kann der kapitalistische Selbstverwertungsprozeß langfristig nicht aufrechterhalten werden. Aber ihre gesellschaftliche Funktion hat sich verändert. Abgesehen von dem Bereich des privaten Warenkonsums, in dem die tauschförmigen Verkehrsformen noch eine gewisse Geltung haben, verwandeln sich die Verkehrsformen als Formen freier und privater Interessenverfolgung von autonomen Subjekten in Unterwerfungsformen gegenüber vor allem sozialen Verteilungssystemen, die einen quasi-anstaltsförmigen Charakter haben.

Es sind Systeme der Regulierung von Interessen und Bedürfnissen freier Individuen, denn sie sind funktional auf die gesellschaftliche Arbeit als ein System von Privatarbeiten be-

[53] C. Offe: ›Klassenherrschaft und politisches System . . .‹, S. 98 ff, Zitat S. 98.

zogen. Die Freiheit des Arbeiters, die Beliebigkeit und Privatheit seiner Interessen findet unter den Bedingungen der monopolistischen Konzentration des Kapitals ihren Ausdruck in der Beteiligung an den Entschädigungen, die für das Defizit der universalistischen Verkehrsformen an gesellschaftlichem Gebrauchswert geleistet werden. Auch diese Teilhabe- und Teilnahmerechte sind insofern universalistisch, als sie die Sozialformen der Beteiligung am gesellschaftlichen Reichtum für diejenigen sind, die als private Subjekte diesen Reichtum produzieren. Noch in den Formen der sozialstaatlichen Entschädigung ist also die Gebrauchswertabstraktion der kapitalistischen Produktionsweise wirksam. Insofern ist auch die private Form der Verfügung über den gesellschaftlichen Zusammenhang in Gestalt der Unterwerfung der Individuen unter die sozialstaatlichen Entschädigungssysteme lediglich eine andere Ausdrucksform für die Anerkennung des freien Subjekts.

Wenn der Staat also die Freiheit und Würde der menschlichen Persönlichkeit garantiert, so garantiert er damit die dialektische Beziehung zwischen Wertproduktion und Gebrauchswertproduktion und damit einen gesellschaftlichen Mechanismus, der nur solche Gebrauchswerte und Zweckorientierungen zuläßt, die mit dem System der Warenproduktion und -konsumtion vereinbar sind. Überschießende Gebrauchswertorientierungen müssen unterdrückt oder sozialstaatlich kanalisiert werden; das bedeutet, daß sie nicht produktiv aufgenommen, sondern auf einer anderen strukturellen Ebene zweckabstrahiert werden müssen: sie werden als sozialstaatliche Leistungen und Belohnungssysteme umformuliert und dort, wo dies nicht möglich ist, im Wege der Feinderklärung als Symbole einer negativen Gegengesellschaft unterdrückt. Die Ebene des staatlichen Gewaltpotentials – zu der nicht nur Polizei, Justiz und Militär, sondern auch die sozialstaatliche Planungs- und Steuerungskapazität zu rechnen sind – absorbiert gewissermaßen alle von den Verkehrsformen nicht verarbeitungsfähigen Gebrauchswertorientierungen, indem sie sie so umdefiniert oder gänzlich auslöscht, daß sie mit der Funktionsweise der Verkehrsformen nicht kollidieren.

Es ist freilich darauf hinzuweisen, daß der Umwandlung von Ansprüchen der Massen an den Gebrauchswert ihrer gesellschaftlichen Verhältnisse in sozialstaatliche Entschädigungsleistungen Grenzen gezogen sind. Sie sind durch die Knappheit der fiskalischen Mittel sowie die Struktur seines Gewaltpotentials begrenzt. Die fiskalischen Mittel, überwiegend aus Steuereinnahmen resultierend, basieren auf einem System selbständiger Wirtschaften[54], deren produktivste Form im Sinne einer – für die Steuererhebung einzig bedeut-

[54] Vgl. J. Schumpeter: *Die Krise des Steuerstaates.* Graz/Leipzig 1918.

samen — abstrakten Reichtumsproduktion die kapitalistischen Wirtschaftseinheiten sind. Sein Gewaltpotential ist auch nur in dem Maße effektiv, in dem es von konkreten Zwecken abstrahiert ist[55]; gerade die Beliebigkeit und damit die Abstraktion von spezifischen Zwecken bestimmt die bürokratische Struktur des staatlichen Gewaltpotentials, von der Max Weber nicht ohne Berechtigung meinte, sie sei die effektivste Organisation von Herrschaft. Hieraus folgt, daß das staatliche Potential die in den Verkehrsformen nicht zu realisierenden Zwecksetzungen nur in dem Maße effektiv übernehmen kann, in dem es selbst — hinsichtlich der finanziellen wie der gewaltförmigen Mittel — seinen abstrakten Charakter behält.

Hierin liegt die Dialektik der Politik des spätkapitalistischen Staates: Angesichts des immer geringer werdenden Gebrauchswerts der Verkehrsformen muß der Staat zunehmend konkrete Zwecke im Interesse der Bedürfnisbefriedigung der Massen übernehmen; er kann aber die spezifischen, ihm zur Verfügung stehenden Mittel nur in dem Maße effektuieren, in dem er die abstrakte Reichtumsproduktion sowie die Zweckabstraktion seines Herrschaftsapparates forciert. Dieser Widerspruch drückt sich nicht nur in der permanenten »fiskalischen Krise« des spätkapitalistischen Staates aus[56] — immer mehr bedürfnisorientierte Zwecke können mit einer immer nur entfalteten abstrakten Reichtumsproduktion befriedigt werden, die aber in ihrer Folge stets erweiterte staatliche Zweckorientierungen erzwingt —; er erklärt auch den Tatbestand, daß ausgerechnet unter einer sozialdemokratischen politischen Leitung der Ausbau des staatlichen Repressionsapparates — vor allem der Polizei — ein in der Bundesrepublik bisher nicht gekanntes Ausmaß angenommen hat und daß von Sozialdemokraten verantwortete Polizeieinsätze rechtsstaatliche Bindungen der staatlichen Gewaltanwendung leichter als anderswo abgestreift haben.

Als Schlußfolgerung aus diesen Überlegungen läßt sich festhalten, daß die Struktur politischer Herrschaft auch unter den heutigen Bedingungen der monopolistischen Kapitalkonzentration und der Vermachtung der Märkte auf die Kategorie des vom gesellschaftlichen Lebenszusammenhang getrennten Subjekts bezogen ist. Die Vermittlung zwischen dem Universalismus politischer Herrschaft und den privaten Interessen der Gesellschaftsmitglieder bestimmt weiterhin den politischen Prozeß, wobei sich freilich die Formen dieses Vermittlungsvorganges in spezifischer Weise verändert haben.

Entscheidend für die Analyse der Transformation gesell-

[55] Vgl. N. Luhmann: ›Zweck-Herrschaft-System . . .‹, S. 90 f.
[56] Vgl. hierzu die Analyse von J. O'Connor: *The fiscal crisis of the State.* New York 1973.

schaftlicher Interessen in politische Herrschaft ist die Erkenntnis, daß auch unter den heutigen gesellschaftlichen Bedingungen konkrete Interessen in Elemente abstrakter Belohnungs- und Entschädigungssysteme umgewandelt werden müssen, damit sie dem abstrakt-universalistischen Charakter politischer Herrschaft angemessen sind und von ihr in die Gesellschaft rückvermittelt werden können. Insofern ist diese Ebene der Vermittlung der Angelpunkt der Analyse über die gesellschaftlichen Entstehungs- und Funktionsbedingungen politischer Herrschaft.

Nachdem unterschiedliche Möglichkeiten der individuellen Selbst- und Fremdinstrumentalisierung als Funktionsbedingungen der Vermittlung von individuellen Interessen und abstrakter Herrschaft erörtert worden sind, lassen sich jetzt die Entstehungsbedingungen von Curricula in staatlichen Bildungsinstitutionen näher klären.

III. Die symbolische Gewalt der Bildungsinstitutionen

Die symbolische Gewalt der staatlichen Bildungsinstitutionen liegt in der Macht der Durchsetzung von Bedeutungen. Seit den tiefgreifenden Reformen der Jahre 1806 ff, in denen Bestandteile der bürgerlichen Revolution in Westeuropa in Preußen gouvernemental durchgesetzt wurden, vollzieht sich diese Gewalt durch die Formung der individuellen Persönlichkeit zum Subjekt. Autonomie, Mündigkeit, Selbstverantwortung und Leistungswillen sind die gesellschaftlichen Werte, auf die hin erzogen wird und deren Verwirklichung das Idealbild einer auf individueller Verantwortung, abstrakter Leistung und Belohnung ihrer Mitglieder beruhenden Gesellschaft aufscheinen läßt.

Betrachtet man die soziale Realität vor allem der Schule, so springt die Abweichung von jenem Idealbild ins Auge: Die Grausamkeit und Brutalität der dort herrschenden Dressur und der Ritualisierung der sozialen Beziehungen, der einer militärischen Kommandostruktur ähnlichen Kommunikationsstruktur ist eine derart breite Sozialerfahrung der Massen, daß die offiziellen Ziele der persönlichen Autonomie und Mündigkeit als grobe Verhöhnung erscheinen müssen.[1] Handelt es sich hierbei lediglich um Abweichungen von den normativen Ansprüchen, gar um persönliches Versagen der Lehrer? Ist der »heimliche Lehrplan« eine sich unterderhand durchsetzende schlechte Praxis, die den Anspruch der Theorie prinzipiell nicht zu desavouieren vermag?

Wir haben gesehen, daß die universalistischen Verkehrsformen und ihre Orientierung auf das autonome, freie und gleiche Subjekt durch eine tiefgehende Ambivalenz gekennzeichnet sind: Eine auf Mündigkeit und Autonomie der Persönlichkeit gerichtete Bildungsinstitution bringt eine universalistische Moral, formelle Prinzipien der Gerechtigkeit, der Gleichheit und der Würde des Menschen sowie der Reziprozität ihrer sozialen Beziehungen[2] hervor; sie reproduziert damit die Strukturen der Konkurrenz und der individuellen Zu-

[1] Vgl. hierzu ausführlich J. Beck: *Lernen in der Klassenschule. Untersuchungen für die Praxis.* Reinbek bei Hamburg 1974.
[2] Vgl. hierzu weitere Nachweise bei G. Nunner-Winkler: »Nachbemerkung zu ›Intelligenzquotient und Klassenstruktur in den USA‹ von S. Bowles und H. Gintis«, in: *Leviathan* 1 (1974), S. 59 f.

rechenbarkeit der Leistungen und erbringt damit einen Beitrag zu einer Form der Vergesellschaftung, in der die Verfügbarkeit der gesellschaftlichen Verhältnisse nur als individuelle Verfügung der Subjekte über sich und ihr Vermögen möglich ist. Sie korrespondiert damit den Strukturen des Marktes, der Konkurrenz und des Tausches, welche die Legitimation der Äquivalenz und damit der Zweckabstraktion aller Gebrauchsgegenstände produzieren, ebenso wie denen der Bürokratie, deren Strukturmerkmale der Hierarchie, Kompetenzabgrenzung, Entscheidung nach abstrakten Regeln, kurz: der Legalität den zweckabstrakten Charakter der staatlichen Herrschaft zum Ausdruck bringen. »The structure of social relations in schools reproduce rather faithfully the capitalist work-environment. Learning (the activity) is not undertaken through the student's intrinsic interest in the *process* of learning, nor is he motivated by *goal* of the educational process (possession of knowledge). Thus the student learns to operate efficiently in an educational environment, unmotivated by either the process or product of his activities – in short, in an alienated educational environment in which rewards are in all cases external: grades, class standing, and the threat of failure. The cathection of such forms of ›external‹ is a prime outcome of educational socialization, and doubtless an important contribution to ›productive‹ worker characteristics.«[3]

Zum anderen aber sind diese Merkmale der Persönlichkeit die gesellschaftlichen Formen ihrer Selbstinstrumentalisierung und der Fremdinstrumentalisierung der gesellschaftlichen »Partner«, denen gegenüber sich Tendenzen der konkreten Kooperation und der Solidarität vor allem im gesellschaftlichen Produktionsprozeß lediglich »informell« durchsetzen. Die lichten Erscheinungen autonomer und mündiger Persönlichkeiten sind nur die idealisierten Ausdrucksformen für die vollendete Fähigkeit der Abstraktion vom konkreten gesellschaftlichen Lebenszusammenhang und der freiwilligen Unterwerfung unter den stummen Zwang eines nicht durchschauten Vergesellschaftungszusammenhanges.

Die oben (S. 62 ff) erwähnten besonderen Gewaltverhältnisse der Herstellung von »Mündigkeit« bzw. der gesellschaftlichen Entmündigung sind der institutionelle Ausdruck der gesellschaftlichen Vorkehrungen, diese den universalistischen Verkehrsformen immanenten repressiven Funktionen der Selbst- und Fremdinstrumentalisierung herzustellen bzw. ihr Defizit zu sanktionieren. Insofern ist die Schule als ein derartiges besonderes Gewaltverhältnis keine bloße empirische

[3] H. Gintis: ›Education, Technology, and the Characteristics of Worker Productivity‹ in: *The American Economic Review* 61 (1971), S. 266–279, hier S. 276 f.

Abweichung, sondern eine komplementäre Einrichtung zu dem Universalismus der Erziehungsziele.

In der neueren bildungspolitischen Diskussion wird diese Komplementarität zuweilen als das Verhältnis von manifesten zu latenten Funktionen des Bildungsprozesses interpretiert. Schulische Lerninstitutionen sind manifest auf eine universalistisch orientierte kognitive Entwicklung gerichtet, während der soziale Prozeß des Lernens die Aneignung von Werten sowie die Herstellung von Gefühlen, Ängsten und Bindungen vermittelt.[4] Aus dieser Feststellung werden Konzepte entwikkelt, die auf eine Entschulung der Schule hinauslaufen, insofern an die Stelle der Belehrung die Erfahrung treten soll.[5] Lernprozesse sollen an den »Hier-und-jetzt-Problemen« der Schüler ansetzen und damit auf eine soziale Praxis vorbereiten, in der soziale Erfahrungen verarbeitet werden können.

Solche und ähnliche Konzepte unterstellen offenbar, daß die Schule als gesellschaftliche Einrichtung das darin enthaltene pathetische Lernziel der sozialen Erfahrung nicht nur verbal aufnehmen kann. Das Lernziel der sozialen Erfahrung muß sich ja in irgendeiner Weise auf die spätere soziale Praxis der Lernenden beziehen.

Nun ist die soziale Praxis der Persönlichkeit keineswegs beliebig, ebensowenig wie die Strukturen der Lerninstitutionen, in denen sie eingeübt werden soll. »Der Umstand, daß die Organisationsstruktur von Erfahrung die Einstellungen, Interessen, Bedürfnisse und das Bewußtsein festlegt, verweist auf den zentralen gesellschaftlichen Stellenwert der Bereitstellung ›praktischer‹ Erfahrungsbereiche.«[6] Rolff u. a. schlagen daher ein Konzept »strategischen Lernens« vor, dessen Ziele Erkenntnisse über die eigene Lage und deren Interpretation im Zusammenhang gesamtgesellschaftlicher Strukturwidersprüche, die Umsetzung von Erkenntnissen in Handlungsstrategien sowie Stabilisierung der sozialen Identität sind; als Verfahren der Aneignung nennen sie Rezeption von Informationen, vermittelte Erfahrung und gesellschaftsverändernde Praxis.[7] Praxis wird als konkret geschichtliche Tätigkeit im Rahmen widersprüchlicher gesellschaftlicher Verhältnisse bestimmt, so daß dieses Konzept nicht bei einer abstrakten Lernzielbestimmung stehenbleibt.

Es ist aber nachzufragen, in welcher Weise die Stabilisie-

[4] Vgl. H.-G. Rolff u. a.: *Strategisches Lernen in der Gesamtschule. Gesellschaftliche Perspektiven der Schulreform.* Reinbek bei Hamburg 1974, S. 72 ff, m.w.N.

[5] Ebd., S. 76 ff; zu den verschiedenen Varianten des Deschooling vgl. R. Winkel: *Das Ende der Schule oder: Alternativprogramme im Spätkapitalismus.* München 1974.

[6] Rolff u. a.: *Strategisches Lernen . . .*, S. 89.

[7] Ebd., S. 83 ff.

rung der sozialen Identität der Lernenden bewirkt werden soll. Denn sie läßt sich nur über die Einübung konsistenter sozialer Verhaltensweisen herstellen, die die Perspektive einer ungebrochenen Vermittlung von individuellen Bedürfnissen und gesellschaftlichem Lebenszusammenhang eröffnen. Die Beziehung auf die soziale Erfahrung der Schüler verweist aber zunächst lediglich auf die unterschiedlichen Mechanismen der Selbst- und Fremdinstrumentalisierung, durch die diese Sozialerfahrung gekennzeichnet ist. Es ist m.a.W. unzureichend, dem abstrakten Universalismus[8] der schulischen Lehrpläne unvermittelt das Postulat der Einübung in konkrete soziale Situationen entgegenzusetzen.

Das Problem besteht darin, daß die Lernziele der Mündigkeit und Selbstbestimmung untrennbar an Sozialformen des Handelns gebunden sind, die als Regelverhalten nur unterschiedliche Formen der Selbst- und Fremdinstrumentalisierung gestatten. Nur in einer grauen Zone stets sanktionsgefährdeten »para-sozialen« Verhaltens gibt es »inoffizielle« Versuche der Überwindung der Trennung des Individuums von seinem gesellschaftlichen Zusammenhang — sei es in der »informellen« Kooperation am Arbeitsplatz, sei es in den verzerrten Formen der Subkultur.

Die Einübung der formal-kognitiven Qualifikationen zielt nicht nur auf die Fähigkeit zur Distanz vom eigenen sozialen Zusammenhang, sondern gleichzeitig drängt sie das Individuum zur zwanghaften Verdrängung aller sozialen Inhalte, die innerhalb dieses distanzierten Verhältnisses zur gesellschaftlichen Realität nicht thematisiert werden können. Die universalistische Orientierung der mit Mündigkeit und Autonomie bezeichneten Lernziele[9] wird gewissermaßen institutionell an die Verkehrsformen der kapitalistischen Vergesellschaftung angekoppelt mit der Konsequenz, daß nur jene Persönlichkeitsorientierungen als lernzielangemessen anerkannt werden, die sich den Mechanismen der Selbst- und Fremdinstrumentalisierung anpassen.

Hierin liegt die symbolische Gewalt der Bildungsinstitutionen, von der Bourdieu/Passeron sprechen[10]: Die formalkognitiven Lerninhalte transportieren gewissermaßen die Fähigkeiten der Abstraktion und Distanz von den Lebenszusammenhängen der Lernenden und bereiten dadurch auf eine soziale Praxis vor, in der die sittliche Forderung nach der Anerkennung des Anderen als Gleichem nur die Kehrseite der

[8] Hierzu J. Beck: *Lernen in der Klassenschule* . . ., insbes. S. 89 ff.
[9] Vgl. hierzu die Hinweise bei G. Nunner-Winkler: ›Nachbemerkung zu »Intelligenzquotient und Klassenstruktur in den USA« von S. Bowles und H. Gintis‹, S. 58 f.
[10] Vgl. oben S. 45 ff, 74 ff.

Unfähigkeit ist, sich mit seiner Lebensperspektive zu identifizieren. Sie exekutiert gewissermaßen den Satz, daß »philosophical principles cannot be stated as ends of education until they can be stated psychologically«[11].

Die Kritik am abstrakten Universalismus herkömmlicher pädagogischer Mündigkeitspostulate kann indessen nicht zur unvermittelten Forderung nach Einübung der Individuen in »konkrete Aktivitäten« im Sinne der Sèveschen Terminologie führen. Mit ihnen allein läßt sich ein Konzept der Entfaltung des den Individuen innewohnenden gesellschaftlichen Potentials nicht entwickeln. Denn die Persönlichkeit hat »gerade in der abstrakten Aktivität Kontakt mit den entwickelten Produktivkräften und gesellschaftlichen Verhältnissen, den im Verlauf der Menschheitsgeschichte geschaffenen immensen Mitteln zur Beherrschung der Natur und zur Organisierung der Gesellschaft«[12]. Das Problem besteht darin, Ansatzpunkte zu entwickeln, wie die symbolische Gewalt der Bildungsinstitutionen, die die institutionelle Verknüpfung zwischen dem abstrakten Prinzip der persönlichen Autonomie und den selbst- und fremdinstrumentalisierenden Verkehrsformen der kapitalistischen Gesellschaft bewirkt, zerbrochen werden kann, damit die Möglichkeiten einer unentfremdeten sozialen Praxis sichtbar werden. Diese Frage soll anhand der gegenwärtigen Curriculumdiskussion erörtert werden.

[11] L. Kohlberg: ›Development as the Aim of Education‹, in: *Harvard Educational Review* 42/4 (Nov. 1972), S. 485.
[12] L. Sève: *Marxismus und Theorie der Persönlichkeit*, S. 349.

IV. Die widersprüchlichen Elemente der Curriculumherrschaft

1. Curriculum und Bedürfnisse

Im allgemeinen Verständnis werden Curricula explizit oder implizit im Hinblick auf gesellschaftliche Situationen entwikkelt, in denen sich das Individuum bewähren soll und zu deren Bewältigung ihm die Bildungsinstitutionen Deutungs- und Handlungsorientierungen vermitteln sollen. »Curricula sind möglichst angemessene Antworten auf außerhalb der Bildungsprozesse empirisch ermittelte oder analytisch formulierte Bedürfnisse.«[1] Wenn das zutrifft, so folgt daraus, daß Curricula den Versuch darstellen, im Wege staatlicher Hoheitsverwaltung die Lebenssituationen der im staatlichen Bildungssystem qualifizierten und sozialisierten Individuen zu präjudizieren. Denn da zum einen die zukünftigen gesellschaftlichen Lebenssituationen nur in geringem Umfang vorhersehbar sind, zum anderen aber die staatliche curriculumstiftende Instanz eine Festlegung der Curricula vornehmen muß, bleibt keine andere Möglichkeit der Interpretation staatlicher Curriculumhoheit als die, daß der Staat mit der Herrschaft über das Curriculum zumindest eine Teilherrschaft über die spätere Lebenspraxis der Individuen innehat.

Hier zeigt sich die Schwäche der zunächst ganz plausibel klingenden Auffassung, daß »Bedürfnisse ... als eine Art Nachfrage bestimmt (werden), auf die Curricula als Angebot antworten sollen«[2]. Man gelangt mit einer derartigen Annahme nämlich in Widerspruch zu der Erfahrung, »daß Zustand und Entwicklungsrichtung des Bildungssystems und damit seine gesamtgesellschaftlichen Funktionen nicht ausschließlich durch das bestimmt sind, was an deklarierten Zielfunktionen und zielorientierten Programmen ›eingegeben‹ wird; daß Unterrichtsziele verfehlt, Ausbauprogramme unter dem Druck restriktiver haushaltspolitischer Erwägungen zurückgestellt oder ganze Zweige des Bildungssystems durch unvorhergesehene Krisen und Konflikte außer Funktion gesetzt werden, gehört zu den alltäglichen Erfahrungen. Diese rechtfertigen den Schluß, ... daß der Zustand und damit die Funktion dieses Teilsystems durch Umstände bestimmt sind, die

[1] W. Edelstein: *Struktur, Prozeß, Diskurs. Vorüberlegungen zu einer kognitivistischen Curriculumtheorie.* Verv. Manuskript des Max-Planck-Instituts für Bildungsforschung. Berlin 1973, S. 80.
[2] Ebd., S. 80.

von keinem der Beteiligten planmäßig konzipiert worden sind, die deklarierten Zielvorstellungen vielmehr konterkarieren.«[3]

Mit diesem Einwand ist zwar die Selbstinterpretation der Curriculumplaner vereinbar, sie würden mit den von ihnen konstruierten Curricula auf von ihnen interpretierte Bedürfnisse antworten; aber es wäre wissenschaftlich unvertretbar, diese Selbstinterpretation an die Stelle der Analyse der wirklichen Bedingungen der Curriculumentwicklung zu setzen. Würde man die These akzeptieren, daß Curricula Antworten auf konkrete gesellschaftliche Bedürfnisse — seien es solche der kapitalistischen Ökonomie, der staatlichen Bürokratie oder des Bildungssystems — darstellen, so müßte auch die darin enthaltene Implikation angenommen werden, daß der Staat u. a. durch seine Curriculumhoheit diese Bereiche steuern könnte. Sie wären für ihn verfügbar. Die objektiven Gesetze kapitalistischer Vergesellschaftung wären zumindest teilweise außer Kraft gesetzt.

Dieser empirisch und theoretisch unhaltbaren Konsequenz kann man auch nicht dadurch entgehen, daß man die Curricula als Antworten auf kapitalistische Bedürfnisse interpretiert. Angesichts der durch die Länge des Bildungsprozesses verzögerten Wirkung von Curricula auf die Qualifikationsstruktur könnte diese Annahme nur bedeuten, daß der kapitalistische Vergesellschaftungsprozeß langfristig vorhersehbar und damit planbar ist — eine Annahme, die mit den Einsichten in den anarchischen Charakter kapitalistischer Produktion auch unter den Bedingungen monopolistischer Kapitalkonzentration unvereinbar ist. Ein empirischer Beleg für die geringe Planbarkeit gesellschaftlicher Bereiche unter kapitalistischen Bedingungen ist die forcierte Ausbildung technisch-naturwissenschaftlicher Intelligenz in den USA nach dem »Sputnik-Schock«; ein hoher Prozentsatz dieser qualifizierten Arbeitskräfte ist heute arbeitslos.

Curricula mögen also subjektiv auf der Ebene der Intentionen ihrer Konstrukteure und des politischen Leitungspersonals auf gesellschaftliche Bedürfnisse antworten; objektiv verfehlen sie in einem Ausmaß ihre Zielsetzung — z. B. Mündigkeit und Autonomie des Lernenden als Ziel der staatlichen Schule seit den preußischen Reformen —, daß in der politikwissenschaftlichen Theorie schon von »symbolic uses of politics« gesprochen wird.[4]

Die hier vorgebrachten Einwände gegen eine Interpretation der Curricula als Antworten auf gesellschaftliche Bedürfnisse sollen nicht etwa die Entwicklung einer These einleiten, nach

[3] C. Offe: *Bildungssystem, Beschäftigungssystem und Bildungspolitik . . .*, S. 2.

[4] M. Edelmann: *The Symbolic Uses of Politics*. Urbana/Ill. 1964.

der Curricula gar nicht auf gesellschaftliche Verhältnisse bezogen sind. Vielmehr sollen sie zwingen, den unbestrittenen Zusammenhang der Curricula mit der gesellschaftlichen Entwicklung zu präzisieren. Das Charakteristische der heutigen Curriculumdiskussion liegt nicht darin, daß die tradierten Bildungsinhalte durch neue ersetzt werden sollen; wäre es so, so hätte die These von der Anpassung der Curricula an neuartige Bedürfnisse der Abnehmersysteme eine gewisse Plausibilität. Neu ist — wie sich an den Hessischen Rahmenrichtlinien deutlich nachweisen läßt — die Abwendung vom Stoffplan und die Orientierung auf Lernziele.[5]

Diese Umorientierung bedeutet, daß die Lerninhalte als in Lehrplänen festgeschriebener Kanon aufgelöst und variabel gemacht werden: sie werden zur Funktion von Lernzielen, die prinzipiell durch verschiedene Inhalte erreicht werden können.

Dieser Vorgang kann als das Ergebnis einer Entwicklung interpretiert werden, in der die kanonisierten Inhalte offenbar aus sich heraus die ihnen einstmals zugeschriebene Qualifikations- und Sozialisationsfunktion nicht mehr zu erfüllen vermögen. Worin bestand sie? Beruhte sie in dem konkreten Gebrauchswert der Inhalte für die lernenden Individuen, die aus den Inhalten ihre Motivation zum Lernen schöpften? Wenn dies so wäre, dann wäre es unverständlich, daß sich schulische und auch universitäre Lerninhalte nahezu unverändert über Generationen hinweg in Ausbildungsplänen erhalten haben, obwohl ihre Relevanz für die jeweils nachwachsende Generation längst verlorengegangen ist. Unverständlich wäre auch die Feststellung Hellmut Beckers, daß mit der Umorientierung der Curricula vom Stoff zum Lernziel »Inhalte nicht mehr langweilig sind«[6]. Sie impliziert ja doch, daß sie bisher langweilig waren.

Wenn Inhalte langweilig sind, dann sollte man sie durch andere ersetzen, die weniger langweilig sind. Wenn in der heutigen Curriculumtheorie und Praxis die Inhaltsorientierung überhaupt aufgegeben wird, dann sind offenbar alle Inhalte langweilig geworden. Die Indifferenz der Lernenden gegenüber den Inhalten beruht dann möglicherweise auf der Struktur des Lernprozesses selbst, der es nicht gestattet, daß die

[5] Vgl. Hellmut Becker: ›Inhalte sind nicht mehr langweilig‹, in: G. Köhler/E. Reuter (Hg.): *Was sollen Schüler lernen? Die Kontroverse um die hessischen Rahmenrichtlinien für die Unterrichtsfächer Deutsch und Gesellschaftslehre.* Dokumentation einer Tagung der Gewerkschaft Erziehung und Wissenschaft. Frankfurt/M. 1973, S. 57–60; vgl. auch H. Weinrich: ›Gegen den restlos durchgeplanten Unterricht. Wo Lernziele absolut herrschen, bleibt für Dinge wie Literatur kein Raum‹, in: *Die Zeit,* Nr. 25 v. 14. Juni 1974, S. 22.

[6] Vgl. den in Fn. 5 erwähnten Beitrag.

Inhalte für die konkrete Lebenspraxis angeeignet werden können. Die Kanonisierung von Inhalten in Lehrplänen bindet sie an die Autorität der abstrakten staatlichen Herrschaft und macht sie im buchstäblichen Sinne zum stofflichen Träger dieser Herrschaft. Ihr Gebrauchswert ist an den abstrakten Herrschaftszusammenhang rückgebunden, und ihre Aneignung vermittelt sich durch die Unterwerfung unter ihn. Aneignung von Inhalten ist nicht unmittelbar Aneignung ihres Gebrauchswerts für die Lebenspraxis einer konkreten Biographie, sondern Erwerb einer tauschfähigen Qualifikation durch Leistung.[7] Dem entspricht »das Gedächtnislernen als das Grundverfahren einer demütigen kognitiven Aneignung geistiger Gehalte und der Gehorsam gegen die Autorität — (des Textes wie der Ordnung, die seine Geltung vor dem Zweifel sichert) — als die affektive Disposition (= Motivation), auf welche die Organisation der Lernprozesse angewiesen ist«[8].

Die Fesselung der Lerninhalte an eine gesellschaftliche Form der Aneignung, die Bildung gleichzeitig in tauschfähige Qualifikation und in ein Funktionselement politischer Herrschaft verwandelt, ist also als das Charakteristikum stofforientierter Lernprozesse anzusehen. Nicht die getroffene Auswahl der Lernstoffe führt zur Langeweile, sondern ihre Rückbindung an die gesellschaftliche Form der Lernprozesse. Insofern besteht auch kein Widerspruch zwischen der oben konstatierten universalistischen Orientierung der staatlichen Bildungsinstitution und den seit Jahrzehnten erhobenen Klagen über die Stoffüberlastung der Lehrpläne. Da der Stoff keinen lebenspraktischen Gebrauchswert für die Lernenden hat, gibt es auch keine Kriterien für die Auswahl der lernwürdigen Inhalte unter der anschwellenden Menge des produzierten Wissens. Der Prozeß der Stoffanhäufung in Lernprozesse ist gewissermaßen ein unbegrenzter und inhaltsindifferenter Prozeß abstrakter Reichtumsanhäufung, dessen Logik in der Konkurrenz um abstrakte Leistungsbelohnungen liegt. Von seiten der curriculumstiftenden Instanz — dem Staat — stellt sich dieser Vorgang als Verbreiterung und Vertiefung der Bildung

[7] Vgl. W. Edelstein: *Struktur, Prozeß, Diskurs* . . ., S. 25; U. K. Preuß: ›Das Problem Bildung. Bildung und Qualifikation‹, in: *neue sammlung* 1 (1973), S. 26–41. Die dort von mir vertretene Position kann ich so nicht mehr aufrechterhalten. Der Vorgang der Qualifikation ist in der Tat, wie Edelstein in seiner Kritik anmerkt (S. 126–128, Fn. 32), nicht bloße Abstraktion des Arbeitsvermögens. Die dialektische Einheit von Tausch- und Gebrauchswert des Arbeitsvermögens und auch des Prozesses seiner Ausbildung enthält Potentiale, die von den abstrakten Verkehrsformen und Institutionen immer weniger verarbeitet werden können und z. B. zu Phänomenen wie der Studentenbewegung geführt haben. Im Text versuche ich, diese Einsicht für die Curriculumdiskussion fruchtbar zu machen.
[8] W. Edelstein: *Struktur, Prozeß, Diskurs* . . ., S. 24.

dar: Mit jedem neuen Inhalt wird ein Stück mehr an autoritativ vermittelter Weltdeutung und an tauschbarer Qualifikation übertragen. Auf diesen Übertragungsvorgang kommt es an: Angesichts der prinzipiellen Inhaltsindifferenz jeglicher Form kapitalistischer Vergesellschaftung, oder besser: angesichts der Bindung aller Gebrauchswerte und Inhalte an die kapitalistischen Verkehrsformen ist selten ein Inhalt an sich, sondern in der Regel die durch seine Aneignungsform vermittelte individuelle Disposition des Individuums für die Vergesellschaftungsprozesse von Bedeutung. Der Bildungsprozeß muß zum einen abstrakte tauschförmige, d. h. vom Individuum ablösbare Qualifikationen, zum anderen, als ihr herrschaftliches Pendant, moralische Qualifikationen wie Respektierung der anderen Subjekte und Unterwerfung unter autoritativ gesetzte Ordnungen vermitteln. Latein und Mathematik haben keinen Gebrauchswert an sich, sondern sollen logisches Denken einüben, Deutschunterricht als Einübung in die Hochsprache dient nicht bedürfnisorientierter Kommunikation, sondern der Einübung in die sprachliche Symbolik der abstrakten Verkehrsformen und der sie garantierenden Institutionen.

Die Frage nach der Beziehung der Curricula zu gesellschaftlichen Bedürfnissen läßt sich nunmehr präziser beantworten: Sie antworten nicht auf Bedürfnisse, sondern auf Strukturen. Sie dienen nicht in erster Linie der Vermittlung konkreter Fähigkeiten für konkrete Verwendungssituationen, sondern der Formung des Individuums für die Formen, in denen es mit den vorherrschenden Strukturen der Vergesellschaftung vermittelt wird, für die Verkehrsformen. Wenn die Individuen unter Verhältnissen kapitalistischer Vergesellschaftung sich nur mittels der Verkehrsformen des gesellschaftlichen Prozesses bemächtigen können, so kann die gesellschaftliche Funktion der Bildungsprozesse nicht darin bestehen, sie unmittelbar für konkrete Anforderungen zu präparieren. Der Begriff der Qualifikation bringt diesen Sachverhalt treffend zum Ausdruck: Im Individuum wird ein Potential geschaffen, das im Rahmen der gegebenen gesellschaftlichen Ordnung beliebig verfügbar ist; eben diese beliebige Verfügbarkeit bestimmt den gesellschaftlichen Charakter des im Bildungsprozeß geschaffenen Gebrauchswerts des Arbeitsvermögens. Der Gebrauchswert antwortet also gar nicht direkt auf eine konkrete Anforderung — wer sollte sie und in welcher Form stellen? —, sondern auf die Formen, mittels derer allein er in den Vergesellschaftungsprozeß einbezogen werden kann. Die objektive Orientierung der Bildungsprozesse auf die gesellschaftlichen Verkehrsformen und nicht auf konkrete Bedürfnisse oder Anforderungen hat angesichts der oben geschilderten Tendenzen in der Entwicklung der Verkehrsformen Konsequenzen, auf die ich unten in Abschn. 3 gesondert eingehen werde.

Eine andere Schlußfolgerung besteht in der Einsicht, daß »Analysen von spezifischen gesellschaftlichen, also auch beruflichen Verwendungssituationen und Bedürfnissen zum Nachweis erforderlicher Qualifikationen — wie z. B. ›Arbeitsplatzanalysen, Arbeitsmarktanalysen‹«[9] oder Situationen im Bereich von Freizeit, Politik, Konsum etc. — trotz ihrer Abwendung von der Stofforientierung des Curriculums nicht auf den konkreten Gebrauchswert des Wissens für die Lebensgeschichte der Lernenden zielen. Zwar mag in dieser neueren Curriculumtendenz das Pathos der konkreten Nützlichkeit des Lernprozesses mitschwingen — die Rückbindung der Lernprozesse an die herrschenden Aneignungsformen der Zweckabstraktion wird in ihnen nicht zerschnitten.

2. Curriculum und Motivation

Nach der Erkenntnis des staatlich institutionalisierten Bildungsprozesses als Form der Bindung der Gebrauchswerte des Wissens an tauschorientierte Aneignungs- und Verwertungsformen bedarf die These keiner weiteren Begründung, »daß die Motivation von Kindern zu Gegenständen des Lernens, die ›Gebrauchswert‹ für sie besitzen . . . sich unterscheidet von der Motivation zu Gegenständen des Lernens, die a limine nur Tauschwert besitzen«[10]. Man kann freilich nicht sagen, daß Gegenstände nur Tauschwert besitzen, da sich dieser nur über einen Gebrauchswert vermitteln kann; aber die gegenüber der Biographie des Lernenden bestehende Indifferenz der gelernten Inhalte bewirkt jene vielbeklagte Apathie, die inzwischen politische Dimensionen anzunehmen beginnt. Die Frage, die hier diskutiert werden soll, ist die, ob Curricula, die zur Funktion der kognitiven Entwicklung des Individuums gemacht werden und für die das »kognitive Produkt« gleichsam der Gebrauchswert des Bildungsprozesses ist, einen Ausweg aus der einhellig konstatierten Motivationskrise zu weisen vermögen. Die Frage ist in unserem Zusammenhang deshalb von Bedeutung, weil es scheint, als läge der Ausweg aus den Aporien der Curriculumentwicklung in einer Theorie, die den Lernprozeß strikt an die kognitive Entwicklung des Lernenden bindet. Die von Jean Piaget und seiner Schule entwickelte genetische Erkenntnistheorie und die mit ihr verknüpfte Theo-

[9] S. B. Robinsohn: *Bildungsreform als Revision des Curriculums*, S. 48.
[10] W. Edelstein: *Struktur, Prozeß, Diskurs . . .*, S. 20.

rie der kognitiven Entwicklung[11] könnte die Grundlage einer Curriculumtheorie bilden, in der der Aufbau der kognitiven Struktur des Lernenden sich nach den gleichen Regeln wie der Aufbau der Struktur von Erkenntnis vollzieht, so daß Lernmotivation aus der »epistemischen Neugier« im Erkenntnisprozeß selbst gespeist würde. Voraussetzung für eine derartige Richtung der Curriculumtheorie ist die Strukturgleichheit der kognitiven Entwicklung des Menschen wie auch des Prozesses der wissenschaftlichen Erkenntnis: beide Entwicklungsprozesse sind Prozesse des Aufbaus von Strukturen. Die kognitive Entwicklung besteht in dem Aufbau einer formal-operationalen Intelligenz, die »über die Gegenstände des Erkennens ohne Bindung an ihre Gegenständlichkeit im Prozeß des Erkennens und Denkens frei – hypothesenbildend und -widerlegend – verfügt«[12]. Die Entwicklung von Erkenntnis ist der dialektische Prozeß der theoretischen Konstruktion von Strukturen durch Aneignung von Erfahrung – ein Prozeß, der derselben Entwicklungslogik wie der Aufbau einer formal-operationalen Intelligenz folgt. ». . . der Übergang von einer Entwicklungsstufe zur nächsten ist immer durch die Bildung neuer Strukturen charakterisiert, die vorher nicht existieren, weder in der äußeren Welt, noch in der Seele des Subjekts. Das zentrale Problem der genetischen Erkenntnistheorie besteht in der Erklärung des Mechanismus dieser Konstruktion neuer Erkenntnisse . . . diese(r) grundlegende Prozeß intellektueller Erzeugung . . . (findet) sich vom Erkennen in der frühesten Kindheit bis zu den höchsten wissenschaftlichen Entdeckungen auf allen Ebenen der Kognition . . .«[13]

Verknüpft man in einer Curriculumtheorie die Prozesse des Aufbaus kognitiver Strukturen und der theoretischen Konstruktion von Strukturen von Erkenntnisgegenständen, so »ist der Primat mechanisch von außen – gleichsam als Zugkraft – auf die Curriculumentscheidungen einwirkender Bedürfnisse zugunsten des Primats von Antriebspotentialen aufgegeben, die im Bildungsprozeß selbst ihre Wirkung entfalten«[14].

Dann würde auch die Entwicklung einer universalistischen Moral aus dem Universalismus der kognitiven Strukturen und nicht aus kosmopolitischen Gesinnungen resultieren.[15]

[11] Vgl. hierzu J. Piaget: *Einführung in die genetische Erkenntnistheorie.* Frankfurt/M. 1973; H. G. Furth: *Intelligenz und Erkennen. Die Grundlagen der genetischen Erkenntnistheorie Piagets.* Mit einem Geleitwort v. J. Piaget. Frankfurt/M. 1972; B. Inhelder/J. Piaget: *The growth of logical thinking from childhood to adolescence.* New York 1958; J. Piaget/B. Inhelder: *Die Psychologie des Kindes.* Freiburg 1972.
[12] W. Edelstein: *Struktur, Prozeß, Diskurs . . .*, S. 95.
[13] J. Piaget: *Einführung in die genetische Erkenntnistheorie*, S. 87 f.
[14] W. Edelstein: *Struktur, Prozeß, Diskurs . . .*, S. 109.
[15] G. Nunner-Winkler: ›Nachbemerkung zu »Intelligenzquotient und Klassenstruktur in den USA«, S. 58, unter Verweis auf L. Kohlberg/R.

Es ist nicht die Aufgabe dieser Analyse, in eine detaillierte Darstellung und Kritik der Piagetschen Erkenntnistheorie und ihrer Fruchtbarkeit für eine Curriculumtheorie einzutreten. Dazu fehlt mir im übrigen auch die wissenschaftliche Kompetenz. Die hier aufzuwerfende Frage lautet, ob und gegebenenfalls in welcher Weise die gesellschaftlichen Konstitutionsbedingungen einer universalistischen Orientierung mit den kognitivistischen Konstitutionsbedingungen vereinbar sind. Sind sie unvereinbar, weil die gesellschaftlichen Bedingungen die kognitivistischen zwar aufnehmen, aber in spezifischer Weise assimilieren und denaturieren, so wäre auch eine kognitivistische Begründung universalistischer Orientierung machtlos vor der Entwicklungslogik gesellschaftlicher Prozesse. Unabhängig von dem hier gar nicht erörterten Wahrheitsgehalt einer derartigen kognitivistischen Theorie würde sie die gegenwärtigen Aporien der Curriculumtheorie nicht lösen können.

Die Fragestellung wird durch das gesellschaftliche Schicksal des neuhumanistischen Wissenschafts- und Bildungsideals seit dem Beginn des 19. Jahrhunderts motiviert. Eine universalistische Erkenntnishaltung, durch die Wissenschaft nicht »durch Sammeln extensiv aneinandergereiht« wird, sondern zur Einheit getrieben wird, drückt sich in der Humboldtschen Forderung aus: »einmal Alles aus einem ursprünglichen Prinzip abzuleiten (wodurch die Naturerklärungen z. B. von mechanischen zu dynamischen, organischen und endlich psychischen im weitesten Verstande gesteigert werden); ferner Alles einem Ideal zuzubilden; endlich jenes Prinzip und dies Ideal in eine Idee zu verknüpfen«[16]. Wenn Humboldt das Wesen der höheren wissenschaftlichen Anstalten darin sieht, »innerlich die objektive Wissenschaft mit der subjektiven Bildung, äußerlich den vollendeten Schulunterricht mit dem beginnenden Studium unter eigener Leitung zu verknüpfen, oder vielmehr den Übergang von dem einen zum anderen zu bewirken«[17], so klingt dies sicherlich nicht modern, aber doch insofern plausibel, als Bildungsprozeß und Erkenntnisprozeß an die Universalien wissenschaftlicher Wahrheitssuche geknüpft werden. Humboldt selbst schreibt über die innere und *äußere* Organi-

Kramer: ›Continuities and Discontinuities in Childhood and Adult Moral Development‹, in: *Human Development* 12 (1963) S. 93–120.

[16] W. v. Humboldt: *Über die innere und äußere Organisation der höheren wissenschaftlichen Anstalten in Berlin.* (Unvollendete Denkschrift, geschrieben wahrscheinlich 1810.) Abgedruckt in: E. Anrich (Hg.): *Die Idee der deutschen Universität. Die fünf Grundschriften aus der Zeit ihrer Neubegründung durch klassischen Idealismus und romantischen Realismus.* Darmstadt 1964, S. 375–386, Zitate S. 379.

[17] Ebd., S. 377.

sation der höheren wissenschaftlichen Anstalten und thematisiert damit die institutionellen Bedingungen, unter denen eine universalistische Ausrichtung von Erkenntnis- und Bildungsprozessen nur gelingen kann. Aber mit der Organisationsstruktur der Anstalten sind diese Bedingungen nicht hinreichend bestimmt. Der Zusammenhang zwischen Bildung und ihren institutionellen Medien ist komplexer. In der sozialgeschichtlichen und wissenssoziologischen Literatur findet sich ziemlich übereinstimmend die Feststellung, daß in Deutschland der Aufbau einer das gesamte Land als einheitliches Territorium politisch-administrativ erschließenden Bürokratie mit der Entwicklung eines für die entstehende mittelständische Beamtenbourgeoisie spezifischen Bildungsideals einherging. Es zielte auf individuelle Emanzipation von konkret-sinnlichen und religiösen Formen des Weltverständnisses zu — wie man heute sagen würde — generalisiertem Weltverständnis mittels Begrifflichkeit und Abstraktion. Der Sinn der Welt soll nicht mehr in vorsprachlichen Formen des sozialen Lebens erschlossen werden, vielmehr wird Sprache zu einem sozialen Medium des Weltbegreifens. »Nach der Sprache der Zeit soll sich der geistige Gehalt in der Sprache verleiblichen und der Leib der Sprache vergeistigt werden. Die eigentliche Kunst der Sprache besteht nun darin, daß sich in ihr denkende Durchdringung und ästhetische Erfahrung (intuitives Gefühl für die Sprachgebärde), daß sich gedankliche Richtigkeit und angemessene sprachliche Gestalt wechselseitig ergänzen, daß Sinnzeichen und Sinngebärde zu einer untrennbaren Einheit werden.«[18] Die Fähigkeit zur Abstraktion, zur Begrifflichkeit, zur sprachlichen Erschließung der sozialen Realität konstituierte erst die Person, die sich vom Objekt einer als Schicksal erfahrenen sozialen Realität zum Subjekt eigner, individuell zurechenbarer Eigenschaften emanzipierte.

Dieser Prozeß ist erst auf der Basis der Auflösung konkreter und sinnlich erfahrener Lebens-, Arbeits- und Gewaltverhältnisse möglich, und insofern ist für ihn die Entfaltung kapitalistischer Produktionsweise in Deutschland konstitutiv. Aber gerade die spezifischen gesellschaftlichen Restriktionen für eine allseitige Entfaltung des Kapitalverhältnisses im Deutschland des ausgehenden 18. und beginnenden 19. Jahrhunderts bedingen, daß die soziale Basis jener emanzipatorischen Bildungsideale keineswegs die äußerst schwach entwickelte kapitalistische Handels- und Manufakturbourgeoisie darstellte; vielmehr war es vorwiegend jene mittelständische Beamtenbourgeoisie, deren sozialökonomische Basis die Bürokratie war, die sich als eine Sphäre abstrakter gesellschaftlicher All-

[18] W. Roessler: *Die Entstehung des modernen Erziehungswesens in Deutschland.* Stuttgart 1961, S. 143 ff, 179 ff, Zitat S. 180.

gemeinheit über die ökonomisch und sozial zerklüftete Gesellschaft wölbte.

Für den hier erörterten Zusammenhang ist die Erkenntnis der spezifischen gesellschaftlichen Form der durch diesen bürokratischen Apparat ausgeübten Herrschaft bedeutsam. Formbestimmend ist sein — übrigens nicht nur juristischer — Charakter als Person; er ist formbestimmend, weil die Kategorie der Person, auf den bürokratischen Staatsapparat angewendet, die abstrakt-allgemeine Seite von Herrschaft unter sich entfaltenden kapitalistischen Produktionsverhältnissen auf den Begriff bringt. Die Schritte der Abstraktion hat Roessler folgendermaßen beschrieben: »Von der sinnhaften erfahrbaren Person des Herrschers wird zunächst zum imaginativen Bild, zum ›Idealbild‹ des Herrschers, zu seiner ›moralischen Person‹ geführt. Zwischen dem hand- und sinnhaft erscheinenden Landesvater der Herrschaft und der Abstraktion des modernen Staates steht zunächst die ›Abstractio Imaginationis‹, die ›Abgezogenheit der Einbildung‹; es entsteht schließlich mit Hilfe der Einbildungskraft über die ›moralische Person‹ des Herrschers die ›moralische Person‹ der Nation.«[19] Seit dem Ende der 30er Jahre des 19. Jahrhunderts ist dann mit der Einführung des Begriffs der Staatsperson in die Staatslehre der letzte Schritt vollzogen. Als begrifflicher Ausdruck der Abstraktion von Herrschaft ist die Staatsperson der Kristallisationspunkt der Analyse der Wirkungsweise dieser spezifischen Form politischer Herrschaft. Denn aus dieser begrifflichen Konstruktion folgte die Notwendigkeit, daß staatliche Herrschaftsakte den Charakter von Willensäußerungen der Staatsperson annahmen, da sich die Subjektivität der Person in ihrer Willensfähigkeit ausdrückt. Wird staatliche Herrschaft als Willensfähigkeit und -macht der Staatsperson begriffen, so verschwindet aus dem Begriff der Herrschaft auch die letzte Spur der konkreten Gewaltsamkeit, Unterdrückung und Leidenszufügung, und noch weniger läßt sich ein Begriff von dem gesellschaftlichen Charakter dieser Gewalt gewinnen. Staatliche Herrschaft erscheint als die Ansammlung potentieller Willensakte der Staatsperson, die jeweils Individualisierungen des allgemeinen Herrschaftszwecks sind, aber in ihrem Begriff keinen konkreten gesellschaftlichen Zweck erkennen lassen.

Der Universalismus des neuhumanistischen Wissenschafts- und Bildungsideals war also von Anbeginn in spezifischer Weise an seine gesellschaftlichen Konstitutionsbedingungen rückgebunden. Damit ist keineswegs gesagt, daß dieser Wissenschafts- und Bildungsprozeß durch und durch von bürokratischem Geist beseelt war. Aber er war doch auf die Strukturen

[19] Ebd., S. 181.

institutionalisierter Herrschaft bezogen, deren Form als zweckabstrakte Bürokratie in spezifischer Weise mit der Entfaltung kapitalistischer Produktionsweise in Deutschland zusammenhing.

Diese strukturelle Verknüpfung des universalistischen neuhumanistischen Wissenschafts- und Bildungsprozesses an die abstrakt-universellen Herrschaftsformen stellt eine entscheidende Restriktion und Verformung dar. Stellt man in Rechnung, daß der weitaus größte Teil der Universitätsabsolventen bis zum Ende des 19. Jahrhunderts für die staatliche und kirchliche Bürokratie ausgebildet wurde, so vermitteln gewissermaßen die bürokratischen Leistungsanforderungen den Universalismus der wissenschaftlichen Bildung mit dem Universalismus der abstrakt-bürokratischen Herrschaft. Das Beamtenrecht ist bis auf den heutigen Tag durch einen spezifischen Leistungsbegriff gekennzeichnet, der diese Vermittlung herstellt. In Art. 33 Abs. 2 des Grundgesetzes heißt es, daß jedermann gemäß seiner Eignung und fachlichen Leistung Zugang zum öffentlichen Dienst hat. Dieses Prinzip ist nach zwei Richtungen hin konkretisiert worden: zum einen durch das Laufbahnprinzip, zum anderen durch ein staatliches Ausbildungs- und Prüfungswesen, innerhalb dessen die fachliche Leistungsfähigkeit überprüft wird. Das Laufbahnprinzip stellt die Leistung des Beamten beziehungsweise Beamtenanwärters in den Zusammenhang einer Aufstiegshierarchie und hat zur Konsequenz, daß die Bewertung durch den jeweiligen Vorgesetzten erfolgt. Der Leistungserfolg wird also nicht durch ein Verfahren festgestellt, in dem die Leistungsempfänger — also die Staatsbürger — darüber befinden, sondern die Amtshierarchie selbst. Leistungsqualifikation und Leistungserfolg werden auseinandergerissen; sie werden aus dem Zusammenhang der konkreten gesellschaftlichen Nützlichkeit abstrahiert, so daß das für diese Hierarchie erworbene Wissen tendenziell die Form des Mandarinenwissens annimmt.

Das staatliche Ausbildungs- und Prüfungswesen modifiziert das Leistungsprinzip des Beamtenrechts dahingehend, daß die Eignung und Leistungsfähigkeit für eine bestimmte Beamtenstelle nach allgemeinen und abstrakten Kriterien festgelegt wird. Wird also nach der Leistungsfähigkeit eines einzelnen Bewerbers für eine Beamtenstelle gefragt, so wird nicht geprüft, ob der einzelne Bewerber aufgrund seiner konkreten Fähigkeiten in der Lage sein wird, die von ihm wahrzunehmenden konkreten Funktionen zu übernehmen, sondern danach, ob er die für die betreffende Laufbahn vorgesehenen allgemeinen Leistungsvoraussetzungen erfüllt, das heißt, ob er einen Berechtigungsschein besitzt. Diese Struktur des staatlichen Ausbildungs- und Prüfungswesens zielt auf eine Formalisierung der Leistungsvoraussetzungen eines Bewerbers für den öffentlichen Dienst. Die durch einen Berechtigungsschein bestätigte fachliche Vorbildung gilt als der Kern des modernen Beamtentums. Als Gegensatz zu dieser Form der Qualifikation wird allgemein die Fähigkeit angesehen, im Einzelfall eine verwaltungsmäßige Entscheidung zu treffen, die allgemein als »billig« anerkannt wird. Die Entscheidung beruht hier auf materiellen Kriterien einer situationsgebundenen Gerechtigkeit, die nicht aus allgemeinen und vorab festgelegten Prinzipien abgeleitet wird. Hinsichtlich der Rechtsprechung hat Max Weber hier von einer »Kadi-Justiz« gesprochen, man könnte in bezug auf eine derartige Bürokratie von einer »Kadi-Verwaltung« sprechen. Aber dies ist jedenfalls für den »klassischen« Rechtsstaat ein Widerspruch in sich: Denn gerade die Existenz einer kompetenzmäßig und hierarchisch aufgebauten selbständigen Herrschaftsagentur entzieht sich strukturell einem Vergesellschaftungsprozeß, in dem konkrete Gerechtigkeit noch die Einheit von Arbeit und Herrschaft indiziert. Es lassen sich heute allerdings — dies ist in Parenthese anzumerken — durchaus Tendenzen beobachten, das Laufbahnprinzip durch das sog. Dienstpostenprinzip zu ersetzen, nach dem von dem Beamten eine konkrete Qualifikation für eine spezifizierte Funktion verlangt wird.[20] Auf diesen Vorgang werde ich in Abschn. 3 zu sprechen kommen. Angesichts der gesellschaftlichen Transformation des neuhumanistischen Universalismus in einen institutionellen ist Skepsis gegenüber der Hoffnung angebracht, »daß die natürliche Entwicklung der kognitiven Fähigkeiten des Menschen und das Lernen unter den institutionellen Bedingungen der Schule auf ihre fundamentale Einheit gebracht werden« könnten.[21] Sie läßt sich erst einlösen, wenn die abstrakte Universalität der kapitalistischen Verkehrsformen und des kapitalistischen Staates in einer »Gattungsuniversalität«[22] aufgehoben ist, in der die Menschen sich der gesellschaftlichen Produktivkräfte bemächtigen können. Erst die kapitalistische Gesellschaft und die von ihr freigesetzten Produktivkräfte eröffnen die Perspektive einer konkret-universellen Vergesellschaftung. »Das Proletariat ist Universalität des Leidens. Erst über die Universalität des Leidens wird Leiden universell aufhebbar. Totale Negation und anhebende Wiedergewinnung fallen zusammen;

[20] Vgl. Studienkommission für die Reform des öffentlichen Dienstrechts: *Bericht der Kommission.* Baden-Baden 1973, S. 187 ff; vgl. hierzu auch das für die Studienkommission erstellte Gutachten von H. Siedentopf: *Funktion und allgemeine Rechtsstellung — Analyse der Funktionen des öffentlichen Dienstes.* Anlageband 8. Baden-Baden 1973, S. 60 ff.
[21] W. Edelstein: *Struktur, Prozeß, Diskurs . . .,* S. 100.
[22] Vgl. H. J. Heydorn: *Über den Widerspruch von Bildung und Herrschaft.* Frankfurt/M. 1970, S. 134 ff, 148 ff.

totaler Verfügungsverlust und anhebende Verfügung über sich selbst. Die kapitalistische Bedingung treibt die Klasse hervor, die sich dem Begriff der Menschheit annähert.«[23]

Universelle Orientierung hat sich auch in den frühbürgerlichen Emanzipationstheorien auf den damaligen Stand der Entfaltung der materiellen Produktivkräfte bezogen. Gegenüber den feudalen Produktions- und Verkehrsformen reklamierte das Bürgertum zu Recht den Universalismus der Persönlichkeit. Unter den heutigen Bedingungen der Entfaltung der Produktivkräfte steht nicht mehr nur der Universalismus der Persönlichkeit auf der Tagesordnung. »Die individuelle Universalität wird mit endgültiger Konsequenz zur Gattung geführt, löst sich in Gattung auf; dies entspricht dem universellen, objektiven Produktionscharakter, der materiellen Bedingung. Die abstrakte Gattung wird damit konkret.«[24]

Die Organisation von Lernprozessen, die mit der Entfaltung der kognitiv-operationalen Kompetenz des Individuums einen humanistischen Universalismus zu erzeugen trachtet, wird sich dem Widerspruch zwischen individuellem und Gattungsuniversalismus nicht entziehen können. Der individuelle Universalismus gehört selbst einer überwundenen Stufe der Entfaltung der materiellen Produktivkräfte an und kann unter heutigen Bedingungen nur entfaltet werden, wenn er an die institutionellen Formen gebunden wird, die die *gesellschaftliche* Aneignung der Produktivkräfte verhindern. Erst in dieser aber hat die Persönlichkeit »Kontakt mit den entwickelten Produktivkräften und gesellschaftlichen Verhältnissen, den im Verlauf der Menschheitsgeschichte geschaffenen immensen Mitteln zur Beherrschung der Natur und zur Organisierung der Gesellschaft, kurz, mit dem Hauptteil des Erbes, des wirklichen Wesens der Humanität«. In ihr allein kann sich das Individuum »das menschliche Wesen aneignen«[25].

Hieraus ist die These abzuleiten, daß auch kognitivistische Curriculumtheorien, die auf individuelle Universalität zielen, mit Notwendigkeit an die widersprüchliche Bewegung der kapitalistischen Verkehrsformen gebunden sind, weil nur sie eine institutionelle Korrespondenz zu jenem individuellen Universalismus darstellen. Ohne die Analyse der gesellschaftlichen Transformationsmechanismen kognitiver (und übrigens auch affektiver) Prozesse bleibt Curriculumtheorie hilflos vor der gesellschaftlichen Wirklichkeit. Es sollen daher zum Abschluß diejenigen Tendenzen der heutigen Curriculumdiskussion erörtert werden, die diesen gesellschaftlichen Transformationsprozeß der kognitiven und affektiven Entwicklung

[23] Ebd., S. 148.
[24] Ebd., S. 151.
[25] L. Sève: *Marxismus und Theorie der Persönlichkeit*, S. 349 f.

aufgreifen und damit eine Vermittlung zwischen den kognitiven und den gesellschaftlichen Konstitutionsbedingungen des Lernens herzustellen versuchen.

3. Curriculum und gesellschaftliche Relevanz des Bildungsprozesses

In Abschnitt 1 dieses Kapitels habe ich die These aufgestellt, daß die staatlich institutionalisierten Bildungsprozesse nicht auf spezifische und konkrete gesellschaftliche Bedürfnisse antworten, sondern auf Strukturen: Das Individuum soll in die Verkehrsformen eingeübt werden, mittels derer es sich gewissermaßen in den Vergesellschaftungsprozeß »einfädelt«. Dieser These scheinen einige Tendenzen der heutigen Curriculumentwicklung zu widersprechen. Die *Hessischen Rahmenrichtlinien* für das Fach *Gesellschaftslehre* der Sekundarstufe I haben das Lernziel der Selbst- und Mitbestimmung und die Vermittlung der Handlungsfähigkeit im Sinne dieser Zielsetzung. Die Handlungs- und Anwendungsbezogenheit des Lernprozesses muß also auch die Einsicht vermitteln, »wozu Gelerntes einmal nützen soll«[26]; mit der Beziehung auf die soziale Praxis der Lernenden – sowohl während des Lernprozesses in der Schule als auch außerhalb der Schule in Beruf, Familie, Freizeit, Politik etc. – soll offenbar der Gebrauchswert des Gelernten wie des Lernprozesses selbst hergestellt werden. Ähnliche Tendenzen lassen sich aus dem für das Fach Deutsch für die Sekundarstufe I aufgestellten Lernziel »Förderung der sprachlichen Kommunikationsfähigkeit« ablesen.[27]

Die genauere Durchsicht der verschiedenen Hessischen Rahmenrichtlinien zeigt, daß den dort formulierten Lernzielbestimmungen eine erheblich realistischere Sicht der gesellschaftlichen Verhältnisse zugrunde liegt als den tradierten Lehrplänen. Es ist sogar die These aufgestellt worden, »daß hier zum ersten Mal in der Geschichte der kapitalistischen Schule eine rückhaltlose Aufklärung der zukünftigen Arbeitnehmer über ihre Lohnabhängigkeit und die damit verbundenen sozialen und politischen Abhängigkeiten intendiert ist«[28].

[26] Der Hessische Kultusminister: *Rahmenrichtlinien. Sekundarstufe I. Gesellschaftslehre.* Frankfurt/M. 1973, S. 7 ff, Zitat S. 9.

[27] Der Hessische Kultusminister: *Rahmenrichtlinien. Sekundarstufe I. 7./8. Jahrgangstufe. Deutsch.* Frankfurt/M. 1974, S. 7 ff.

[28] F. Nyssen: ›Zur politisch-pädagogischen Einschätzung der neuen hessischen Rahmenrichtlinien‹, in: K. Ch. Lingelbach u. a.: *Die politische Auseinandersetzung um die neuen hessischen Lehrpläne – »Rahmenrichtlinien«.* Frankfurt/M. 1973 (Buchforum, 6 Frankfurt/M., Homburger Str. 36), S. 124–144, Zitat S. 127 f.

Auf der Ebene der Hochschulausbildung sind ähnliche Tendenzen zu beobachten. Die dort in Entwicklung begriffenen Curricula orientieren sich zunehmend an der späteren konkreten Berufspraxis der Auszubildenden. An einigen Hochschulen wird der Versuch unternommen, sie nicht mehr ausschließlich nach den Kriterien tradierter wissenschaftlicher Fachsystematiken und ihrem mehr oder weniger naturwüchsigen Entstehungsprozeß zu entwickeln, sondern sie zumindest auch nach dem Kriterium der späteren beruflichen Verwendungssituation zu organisieren.

In § 34 Abs. 1 des vom Dezember 1970 datierten Entwurfs eines Hochschulrahmengesetzes des Bundes heißt es noch sehr allgemein: »Der Student soll durch das Studium die Fähigkeit zu wissenschaftlich-kritischem Denken und zu wissenschaftlicher . . . Arbeit sowie die entsprechenden Methoden- und Fachkenntnisse erwerben und sich auf ein berufliches Tätigkeitsfeld vorbereiten.« In welchem Verhältnis »Methoden- und Fachkenntnisse« zur Vorbereitung auf »ein berufliches Tätigkeitsfeld« stehen, bleibt ungeklärt, obwohl hierin ein latenter Konflikt steckt: Denn die Vorbereitung auf die spätere Berufspraxis durch Lernprozesse, in denen das praktische Ergreifen der gesellschaftlichen Wirklichkeit eingeübt wird, kollidiert mit der herkömmlichen Struktur der Ausbildung: In ihr konnte aufgrund der Abstraktion des Wissens von den gesellschaftlichen Verwendungssituationen die Vergesellschaftung des Wissens den Abnehmern der Qualifikationen überantwortet werden. Die Abstraktheit des Erlernten verhinderte, daß es in den Dienst konkreter selbstbestimmter gesellschaftlicher Zielsetzungen der Lernenden gestellt wurde.

(Das bedeutet übrigens nicht, daß das aufgrund fachwissenschaftlicher Orientierung erworbene Wissen nicht konkreten Zielen dienstbar gemacht wird. Ein die staatliche Autorität repräsentierender und sie durch seine Lehrtätigkeit vermittelnder Lehrer bringt natürlich seinen Schülern das Einmaleins und die Grundbegriffe der Grammatik bei. Aber er setzt damit einen bestimmten Kanon verordneten Wissens durch und kann nicht nach den gesellschaftlichen Erfahrungen und Perspektiven der Schüler fragen und danach, wodurch sie damit ihre individuelle und gesellschaftliche Existenz strukturieren können. In dieser, über die staatliche Autorität des Lehrers vermittelten Abstraktion des Wissens steckt sein herrschaftlicher und unterdrückender Charakter.)

In der vorläufigen Universitätsverfassung der Universität Bremen ist der Anspruch auf Berufspraxisbezogenheit und gesellschaftliche Relevanz der Curricula noch deutlicher angemeldet. In § 50 heißt es: »Forschendes Lernen in Projekten ist ein Strukturmerkmal der Universität Bremen, das in den einzelnen Studienrichtungen unterschiedliches Gewicht hat. Projekte sollen auf die zukünftige Berufspraxis der Studenten und auf relevante gesellschaftliche Probleme bezogen sein sowie methodenpluralistisch fächerübergreifende Kenntnisse vermitteln«, und in § 40 Abs. 1 wird den Studiengängen die ausschließliche Funktion zugeschrieben, »der wissenschaftlichen Vorbereitung auf berufliche Tätigkeit (zu dienen)«. Hierin offenbart sich der Versuch, die Auswahl des zu produzierenden und anzueignenden Wissens nach den Kriterien seiner gesellschaftlichen Nützlichkeit in spezifischen beruflichen Feldern vorzunehmen. Gesellschaftliche Nützlichkeit bedeutet dabei die wissenschaftliche Erkenntnis der Wirklichkeit zum Zwecke ihrer selbstbestimmten praktischen Veränderung.

Die in verschiedenen Reformvorschlägen vertretene Tendenz zur Beteiligung von Schülern, Eltern und Lehrern an der Curriculumentwicklung zielt ebenfalls — jedenfalls für den Bereich der Schule — auf die Einbeziehung der sozialen Erfahrungen und Perspektiven der am Lernprozeß Beteiligten und damit auf eine Konkretisierung des vermittelten Wissens im Sinne seiner Relevanz für gesellschaftliche Praxis. Das Ziel derartiger Reformkonzepte besteht offenbar darin, die Identifikation der an dem Lernprozeß Beteiligten mit diesem Lernprozeß dadurch zu steigern, daß er in einem gewissen Umfang in ihrer Verfügung steht. Es fragt sich, ob damit bestimmte staatlich-bürokratische Herrschaftsfunktionen ohne jegliche strukturelle Veränderung aus dem parlamentarisch legitimierten staatlichen Herrschaftszusammenhang entlassen und autonomen gesellschaftlichen Gruppen überantwortet werden oder ob mit dieser Verlagerung — die scheinbar eine bloße Dezentralisierung darstellt — eine qualitative Veränderung der Lernprozesse selbst herbeigeführt wird.

Schließlich deuten sich auf der Ebene der staatlichen Bürokratie selbst bemerkenswerte Veränderungstendenzen an. Das gegenwärtige Beamtenrecht steht in dem Widerspruch zwischen einer immensen Vermehrung insbesondere der sozialgestaltenden Staatsaufgaben[29] und einer dienstrechtlichen Struktur, die weitgehend aufgabenabstrahiert ist. Auf der Ebene der Organisationsstruktur steuern die Prinzipien der Rechtmäßigkeit und Ordnungsmäßigkeit der Verwaltung und der Sparsamkeit des Mitteleinsatzes die Verwaltungstätigkeit. Auf der Ebene der individuellen Karrieren des Verwaltungspersonals erfolgt die Personalsteuerung durch das Laufbahnsystem: In einer Laufbahn sind die Ämter derselben Fach-

[29] Vgl. hierzu Th. Ellwein/Ralf Zoll: *Zur Entwicklung der öffentlichen Aufgaben in der Bundesrepublik Deutschland.* Anlageband 8 der Studienkommission für die Reform des öffentlichen Dienstrechts. Baden-Baden 1973, S. 203 ff.

richtung zusammengefaßt, die eine gleiche Vor- und Ausbildung voraussetzen, ohne daß mit der abstrakten Kategorie des Amtes eine Zusammenfassung konkreter Tätigkeiten und Kenntnisse für spezifische, konkrete Aufgaben gegeben wäre. »Das Amt ist zwar auch durch eine bestimmte Besoldungsgruppe, jedoch nur selten durch bestimmte Funktionen markiert. Damit bezieht sich die Besoldung im allgemeinen nicht auf bestimmte Tätigkeiten.«[30] Der Beamte wird also für eine besondere, konkrete Tätigkeit weder ausgebildet noch eingestellt, noch bezahlt. Die Prinzipien der Leistung und der Sachkompetenz werden durch das Laufbahnsystem nicht unerheblich eingeschränkt; sie bedingen die vielfach beklagte Inflexibilität der staatlichen Verwaltung.

Die von der Studienkommission für die Reform des öffentlichen Dienstes vorgeschlagenen Gegenmaßnahmen scheinen zunächst auf rein technische Veränderungen gerichtet zu sein: Staatliches Verwaltungshandeln soll sich an qualitativen Zweckmäßigkeitskriterien orientieren, und zu diesem Zweck sollen Effizienzkriterien für die Bewertung öffentlicher Leistungen entwickelt werden.[31] Auf der Ebene der Karrieren des Verwaltungspersonals soll die Personalsteuerung nicht länger nach dem Laufbahn-, sondern nach dem Dienstpostensystem erfolgen. Damit ist gemeint, daß der durch bestimmte Tätigkeiten und daraus abgeleiteter konkreter beruflicher Anforderungen bestimmte Dienstposten und nicht das abstrakte Amt Zuordnungspunkt der individuellen Ausbildung, Leistung und Bezahlung des Bediensteten ist; die Personalsteuerung erfolgt durch Vergleich der Anforderung des Dienstpostens mit der konkreten Befähigung des Bediensteten.[32]

Bei näherem Hinsehen zeigt sich, daß es sich bei den Reformvorschlägen nicht lediglich um technisch-beamtenrechtliche Fragen handelt. Denn sie haben offenbar zum Ziel, den zweckabstrakten Modus der Legalität durch die Zweckorientierung der öffentlichen Verwaltung zu ergänzen, wenn nicht langfristig zu ersetzen. Damit sind spezifische Folgeprobleme verbunden: Wenn die staatliche Tätigkeit nicht mehr nur abstrakt die Rahmenbedingungen für vorausgesetzte tauschförmige Vergesellschaftungsprozesse setzt, sondern selbst konkret sozialgestaltend tätig werden soll und das Personal für jene konkrete Tätigkeit ausgebildet, eingestellt und bezahlt wird, so resultiert daraus tendenziell eine Gebrauchswertorientierung des öffentlichen Personals, das die Legitimation für seine Tätigkeit aus diesem Gebrauchswert zieht: Lehrer,

[30] Studienkommission für die Reform des öffentlichen Dienstrechts: *Bericht der Kommission*, S. 190, Rz. 389.
[31] Ebd., S. 137 ff.
[32] Ebd., S. 187 ff.

Sozialarbeiter, medizinische Arbeiter, Verkehrsplaner, etc. finden in dem konkreten Gebrauchswert ihrer Tätigkeit ein neues soziales Selbstwertgefühl und eine spezifische gesellschaftliche Funktion. Es ist abzusehen, daß sich diese Zweckorientierung auf andere Kategorien der öffentlichen Bediensteten ausweitet. Dies kann so weit gehen — und dies ist sowohl in den USA wie auch in der Bundesrepublik bereits geschehen —, daß sich die Bediensteten mit den Interessen und Bedürfnissen der Verwaltungsklienten in einem Maße identifizieren, das die Rückbindung des Personals an den abstrakten Universalismus bürokratischer Herrschaft ernstlich gefährdet. Dieser Sachverhalt ist angesprochen, wenn es in einem Leitartikel der *Frankfurter Allgemeinen Zeitung* vom 13. April 1973, in dem die Reaktion der Verwaltung auf die Besetzung leerer Häuser kommentiert wird, heißt: »Viel wichtiger wäre es, zu erkennen, daß es auf der Straße nicht um den Hausbesitzer und seine Gewinnspekulation geht, sondern um die Geltung der Rechtsordnung . . . Diese Neigung der Exekutivbehörden, zu fragen, wem man eigentlich nütze, wenn man eingriffe, anstatt zuerst und vor allem die gesetzliche Ordnung wiederherzustellen, findet nicht ganz zufällig in einer Partei Verständnis, in der man sich zunehmend daran erinnert, daß Marx lehrte, Rechtsordnungen als Interessenschutz der herrschenden Klasse zu interpretieren.«

Der skizzenhafte Überblick über einige Tendenzen der curricularen und der bürokratischen Herrschaft erweist offenbar eine stärkere Gebrauchswertorientierung jener Herrschaftsverhältnisse. Aber der Überblick wäre unvollständig, wenn er nicht die noch deutlicher erkennbaren Gegentendenzen erwähnen würde. Häufig genug ist auf die Wirkung des Numerus clausus hingewiesen worden, der die Schüler vom frühesten Zeitpunkt ihres schulischen Daseins zwingt, in härtester Konkurrenz miteinander jene abstrakte Leistungs- und Belohnungsorientierung zu entwickeln, die jegliches inhaltliches Interesse an den Gegenständen des Lernens abtötet. Mit den Berufsverboten gegen fortschrittliche Lehrer und Hochschullehrer wird der Versuch unternommen, die oben beschriebene Gebrauchswertorientierung des öffentlichen Personals gewaltsam mit der Drohung und notfalls Exekution der beruflichen und damit sozialen Existenz einzudämmen. Und schließlich zeigen neuere Lehrerausbildungsgesetze eine deutliche Tendenz zur fachlichen Überprüfung der wissenschaftlichen Lehrerausbildung durch die staatliche Aufsichtsbehörde. Diese Tendenz setzt sich vor allem durch die Modalitäten des Prüfungsverfahrens durch, die hier nicht im einzelnen dargestellt werden sollen.

Die prüfungsorganisatorische Kontrolle des wissenschaftlichen Lernprozesses soll durch eine Inhaltskontrolle ergänzt werden: Nach § 1 Abs. 2 des Berliner Lehrerbildungsgesetzes soll die Lehrerausbildung den zukünftigen Lehrer befähigen, »die Schüler zu sachbezogenem Denken . . . zu befähigen. Die Ausbildung muß den Lehrer in die Lage versetzen, seine berufliche Aufgabe unparteiisch im Rahmen der verfassungsmäßigen Ordnung zu erfüllen.« Dieser ganz plausibel klingende gesetzliche Auftrag hat unter den heutigen Bedingungen der beruflichen Praxis eine spezifische Bedeutung: Solange der Lehrer ein staatlich verordnetes Wissensfixum an die Schüler vermittelte, konnte er es unbekümmert um die gesellschaftlichen Bedingungen der Aufnahme dieses Wissens durch die Schüler und der Beziehung dieses Wissens zu deren gesellschaftlicher Perspektive »unparteiisch und sachbezogen« weitergeben. Der Stoff ist durch die gesellschaftliche Form seiner Vermittlung selbst tot und für Lernende und Lehrende ohne Interesse; er ist nur stofflicher Repräsentant des abstrakten staatlichen Herrschaftsanspruchs über die Bildungsprozesse.

In dem Maße aber, in dem die Qualifikations- und Sozialisationsfunktion des Bildungsprozesses unmittelbar an das gesellschaftliche Bewußtsein der Lernenden anknüpfen und ihnen seine Beziehung zu ihrer späteren gesellschaftlichen Situation vermitteln soll, kann er nicht mehr »sachlich und unparteiisch« vor sich gehen. Denn wenn diese Kennzeichnungen nicht lediglich eine bestimmte Form des Lehrerverhaltens ausdrücken sollen – etwa im Sinne eines zurückhaltenden, dezenten und unaufdringlichen Auftretens vor den Schülern –, dann besagen sie doch wohl, daß der Lehrer jegliche Identifizierung mit der gesellschaftlichen Lebensperspektive seiner Schüler vermeiden, den Lernprozeß also abgelöst von den gesellschaftlichen Bedürfnissen der Schüler organisieren soll. Dieser Aufgabe des Lehrers widerspricht es nicht, daß man von ihm nicht verlangt, ein »politisches Neutrum« zu sein – wenn er nur im Lernprozeß ein praktizierender Pluralist ist. Damit ist gemeint, daß er den Schülern nicht seine politischen und weltanschaulichen Auffassungen aufzwingen darf, da die Schüler dank ihrer Unmündigkeit hiergegen wehrlos seien. Diese Forderung ist für einen Lernprozeß berechtigt, in dem der Lehrer, mit staatlicher Autorität ausgestattet, einen staatlichen Herrschaftsauftrag durchsetzt. Der partielle Verzicht des Staates, mit den ihm eigenen Mitteln der Schulherrschaft der nachwachsenden Generation neben einem bestimmten Wissen gleichzeitig explizit bestimmte Weltanschauungen aufzuherrschen, äußert sich in staatlicher Toleranz, deren gesellschaftliche Form der Pluralismus ist. Aber Toleranz setzt den herrschaftlichen Charakter des Lernprozesses voraus, und wenn der Lehrer Pluralist sein soll, so bedeutet dies nichts anderes, als daß er seine an sich vorhandene und den Lernprozeß bestimmende amtliche Autorität nicht in vollem Umfange einsetzen soll. So bringt die Pluralismusforderung an den Lehrer auch zum Ausdruck, daß der Lernprozeß weiterhin als ein an staatliche Herrschaft rückgekoppelter sozialer Prozeß organisiert werden und in den ihr spezifischen tauschförmigen Aneignungsformen stattfinden soll.

Eine pluralistische Haltung des Lehrers setzt also nicht lediglich die selbstverständliche Forderung nach Respekt vor den Persönlichkeiten der Lernenden voraus. Sie verlangt Abstraktion von den Interessen und Bedürfnissen der Lernenden und damit die zwanghafte Aufrechterhaltung einer Ausbildungssituation, in der Lehrende und – mit notwendiger Konsequenz – Lernende in den Zwang zur tauschwertorientierten Stoffaneignung zurückgestoßen werden, die für sie keinerlei Gebrauchswert hat. Nur so ist es zu erklären, daß stets Lehrer diszipliniert worden sind, die bei den Schülern – und nicht selten auch bei den Eltern – sehr beliebt waren: Das sind sie nur, wenn sie die Lernenden als Persönlichkeiten respektieren und sich dabei nicht von ihnen distanzieren, sondern sich mit ihren Bedürfnissen identifizieren.

Damit ist die widersprüchliche Situation der gegenwärtigen Bildungspolitik, insbesondere in bezug auf die Schule, gekennzeichnet. Geradezu brennpunktartig zusammengefaßt sind sie in dem Komplex der *Hessischen Rahmenrichtlinien.* Die gebrauchswertorientierten Inhalte stehen in einem bemerkenswerten Widerspruch zu den Bedingungen ihrer institutionellen Durchsetzung. Denn diese Inhalte sollen »auf Dauer ... von Adressaten nicht diskutiert, sondern exekutiert werden; auf Dauer werden sie sich nicht kraft ihrer theoretischen Fundiertheit, sondern kraft der hinter ihnen stehenden Macht durchsetzen, d. h. sie werden Prüfungen, Lehrerbeurteilungen, Schülerbeurteilungen, Lehrbücher, Curriculummaterialien, Unterrichtsergebnisse mit beträchtlichen Sanktionen beeinflussen ... Diese Schwierigkeiten signalisieren Widersprüche einer verordneten Curriculumreform: beredtes Schweigen verhüllt die diese Richtlinien bedingenden und von ihnen geforderten Interaktions- und Machtverhältnisse in Schule und Verwaltung.«[33]

[33] H. Rumpf: ›Kommunikation nach Vorschrift. Kritik an den Rahmenrichtlinien zum Fach Deutsch‹, in: Lingelbach u. a.: *Die politische Auseinandersetzung um die neuen hessischen Lehrpläne* ..., S. 93–99, Zitat S. 96. Der letzte Halbsatz des Zitats ergibt allerdings nur dann den offenbar gemeinten Sinn, wenn es heißt: »... und *die* von ihnen geforderten Interaktions- und Machtverhältnisse ...«, denn es handelt sich bei den Entstehungsbedingungen und den Wirksamkeitsbedingungen der Rahmenrichtlinien um nicht auf einer Vergleichsebene liegende Größen. – Zu den Entstehungsbedingungen der *Hessischen Rahmenrichtlinien* vgl. in demselben Band den Beitrag von H. Becker/P. Bonn/N. Groddeck: ›Demokrati-

Es scheint allerdings zweifelhaft, ob die Essenz dieses Widerspruchs tatsächlich darin liegt, daß die progressiven Inhalte mit der traditionellen Form der Schulorganisation unvereinbar sind. Denn die Inhalte sind ja selbst das Produkt jener Struktur, die eine Entfaltung des Lernprozesses als Aneignung des Gebrauchswerts des Wissens nicht zuläßt. Die Frage lautet doch daher, welche Bedingungen erlauben es, daß trotz fortbestehender abstrakt-bürokratischer Struktur der staatlichen Bildungsverwaltung und trotz fortbestehendem Staatsanstaltscharakter der Schule Inhalte verordnet werden sollen, die mit diesen Strukturen zu kollidieren scheinen. Offenbar verändern sich die bürokratischen Strukturen — wie wir am Beispiel der vorgeschlagenen Relativierung des Laufbahn- durch das Dienstpostensystem gesehen haben — in der Weise, daß sie in bestimmten Grenzen eine Gebrauchswertorientierung des Lernprozesses zu erlauben scheinen.

Wenn die oben aufgestellte These stimmt, daß die staatlich institutionalisierten Lernprozesse nicht auf konkrete Fähigkeiten, sondern auf die Integration der Individuen in die gesellschaftlichen Formen vorbereiten, mittels deren sich die Individuen mit dem Vergesellschaftungsprozeß verbinden, so müssen sich die geschilderten widersprüchlichen Tendenzen der gegenwärtigen Curriculumentwicklung als ein Reflex auf die oben analysierte veränderte Funktion der Verkehrsformen darstellen. Einübung in die Verkehrsformen bedeutet in einem die Schaffung eines spezifischen Gebrauchswerts des individuellen Arbeitsvermögens und zugleich seine Zweckabstraktion in der Form der vielfältig verwendbaren Qualifikation; sie bedeutet für den Lernprozeß die Vermittlung von Stoffkatalogen und zugleich die Abstraktion der Inhalte in der Form der gegen Zertifikate getauschten Leistung; und sie bedeutet schließlich die Erzeugung einer abstrakt-universalistischen Moral, die durch die Fähigkeit des Individuums zur Selbst- und Fremdinstrumentalisierung gekennzeichnet ist.

Je weniger Gebrauchswerte die Verkehrsformen »transportieren«, desto problematischer wird ihre Geltung und der auf sie bezogene Lernprozeß. Zweifellos kann sich heute das Individuum vermittels der Verkehrsformen noch mit denjenigen Gebrauchswerten in Verbindung setzen, die zur Erhaltung seiner physischen Existenz notwendig sind. Die Verminderung der Kapazität der Verkehrsformen, die Befriedigung von Be-

sierung als Ideologie? Anmerkungen zur Curriculumentwicklung in Hessen‹, S. 19—63; einen Überblick über die Diskussion der *Hessischen Rahmenrichtlinien* bis zum Ende des Jahres 1973 gibt der Band von H. Christ/ H. Holzschuh/V. Merkelbach/W. Raitz/J. Stückrath: *Hessische Rahmenrichtlinien — Deutsch. Analyse und Dokumentation eines bildungspolitischen Konflikts.* Düsseldorf 1974; zu den *Nordrhein-Westfälischen Rahmenrichtlinien,* vgl. R. Schörken (Hg.): *Curriculum »Politik«.* Opladen 1974.

dürfnissen zu ermöglichen, besteht im Verhältnis zu den ungeheuer gewachsenen Möglichkeiten der Bedürfnisbefriedigung durch eine neue Organisation der materiellen Produktionskräfte. Wenn oben von den Gebrauchswertsurrogaten gesprochen wurde, die politisch-administrativ in die gesellschaftlichen Beziehungen eingegeben werden, so wurde damit der Sachverhalt gekennzeichnet, daß die für die Verkehrsformen unerreichbaren Gebrauchswerte, wie z. B. die Bewahrung der Natur als stofflicher Bedingung menschlicher Existenz, zum Gegenstand abstrakter politischer Werbeprogrammatiken umformuliert werden. Sie reagieren auf Bedürfnisse, ohne sie befriedigen zu können; das Verhältnis zur Natur wird zur »Lebensqualität« für jeden einzelnen von uns, gleichsam zur individualisierbaren Ware, obwohl es doch zuallererst ein gesellschaftliches Verhältnis ist.

In diesem Sinne surrogatär sind die skizzierten curricularen Gebrauchswertorientierungen: die tauschförmigen, »freiheitlichen« Verkehrsformen vermögen nur zu einem relativ geringen Teil die Verbindung zwischen den gesellschaftlichen Produktionskräften und den Bedürfnissen herzustellen, während die Beteiligung an den Systemen sozialer Entschädigungen zunehmend an Bedeutung gewinnt. Sie kann nur funktionieren, wenn sich die Fähigkeit der Individuen zur Selbst- und Fremdinstrumentalisierung auf den Bereich bezieht, in dem die Entschädigungsleistungen verteilt werden: auf den Bereich der Politik. Das setzt voraus, daß Politik – ebenso wie die Ware – einen Gebrauchswert hat, um auf Bedürfnisse bezogen zu sein; ihre Inhalte müssen aber zugleich – ebenso wie die Ware – gesamtgesellschaftlich so unverbindlich sein, daß sie in einer quasi-privaten Form verfügbar sind. Am Beispiel der Vollbeschäftigungspolitik ist auf diesen Charakter von Politik bereits hingewiesen worden: es kommt nur darauf an, *daß* möglichst alle arbeitsfähigen und -willigen Mitglieder der Gesellschaft beschäftigt werden; es ist dabei gleichgültig, welchen Inhalt ihre gesellschaftliche Arbeit hat.

Die gesellschaftliche Form einer derartigen Politik ist das »bargaining«. Im Prozeß des Bargaining handeln Interessengruppen, die um knappe Ressourcen konkurrieren, ihren jeweiligen Anteil aus. Das Bargaining-System ist gewissermaßen die Warenform von Politik: in ihm geht es um Gebrauchswerte, deren Realisierung indessen von ihrer Form als bargainingfähiges Interesse abhängig ist. Was sich dieser Form nicht fügt, ist als Politik nicht thematisierbar. Hierin liegt der zutreffende Kern der Selektionsanalysen, die sich vor allem mit den Nicht-Themen von Politik befassen. Der Gebrauchswert von Politik ist also nicht mehr an die universalistische Form des Gesetzes als Ausdruck des parlamentarisch mediatisierten souveränen und einheitlichen Volkswillens gebunden, sondern an die universalistische Form des Interessenausgleichs durch Bargaining. Diese Form ist universalistisch, weil sie an keinen bestimmten Inhalt gebunden ist. Sie setzt allerdings voraus, daß sich durch sie durchsetzende soziale Inhalte den Prinzipien des politischen Tausches fügen, d. h. keinerlei gesamtgesellschaftliche Verbindlichkeit haben. Sie implizieren also die Notwendigkeit kollektiver Selbst- und Fremdinstrumentalisierung gesellschaftlicher Gruppen.

Das Charakteristikum der häufig festgestellten Politisierung der gesellschaftlichen Beziehungen liegt daher primär nicht darin, daß der Staat kraft seiner Herrschaftsgewalt diejenigen Zwecke erfüllt, die in den tauschförmigen »freiheitlichen« Verkehrsformen nicht mehr hervorgebracht werden können. Eine derartige Charakterisierung wäre zumindest mißverständlich, weil sie offenbar die Möglichkeit unterstellt, der Universalismus politischer Herrschaft könne gewissermaßen als vielseitiges Instrument zur Kompensation gesellschaftlicher Defizite fungieren. Das Charakteristikum der Politisierung liegt aber eher darin, daß der Prozeß der Interessenartikulation und -durchsetzung lediglich einen neuen gesellschaftlichen Modus in Gestalt des kollektiven Bargaining und Konfliktverhaltens erhalten hat. Der abstrakte Charakter gesellschaftlicher Allgemeinheit hat dabei lediglich eine andere gesellschaftliche Form erhalten. In ihr werden die Bereiche der Produktion und der Bedürfnisse miteinander vermittelt, aber auf der fortbestehenden Grundlage von Selbst- und wechselseitiger Fremdinstrumentalisierung gesellschaftlicher Gruppen. Damit ist aber die Möglichkeit der Konstitution materieller Allgemeinheit im Staat ausgeschlossen.

Die konzertierte Aktion nach § 3 des Gesetzes zur Förderung der Stabilität und des Wachstums der Wirtschaft ist das hierbei wohl am weitesten fortgeschrittene Verfahren. Die Ergebnisse des Bargaining werden in staatliche Planungen umgesetzt, die sich vom Gesetz dadurch unterscheiden, daß sie als Instrument der Koordinierung privaten, verbandsmäßigen und staatlichen Handelns komplexe gesellschaftliche Sektoren wie Bildung, Verkehrswesen, regionale oder nationale Räume für die Zukunft ordnen wollen.[34] Auch die auf konkrete gesellschaftliche Nützlichkeit zielende Infrastrukturpolitik und -planung unterliegt dem Prozeß der politischen

[34] Vgl. hierzu U. Scheuner: ›Verfassungsrechtliche Probleme einer zentralen staatlichen Planung‹, in: J. H. Kaiser (Hg.): *Planung I*. Baden-Baden 1965, S. 67 ff; W. Scharpf: *Planung als politischer Prozeß*. Frankfurt/M. 1973; E. W. Böckenförde: ›Planung zwischen Regierung und Parlament‹, in: *Der Staat*. Bd. 11 (1972), S. 435 ff.

Tauschabstraktion, insofern ihr gesellschaftlicher Gebrauchswert sich nur durchsetzen kann, wenn er als instrumentalisierbares Interesse formulierbar ist.

Der staatlich institutionalisierte Lernprozeß als Prozeß der Einübung in die Verkehrsformen erhält hierdurch neue Akzente: Die universalistische Orientierung läßt sich angesichts der geminderten Bedeutung der traditionellen tauschförmigen »freiheitlichen« Verkehrsformen nicht mehr primär an ihnen festmachen. Im Verhältnis zu dem entwickelten gesellschaftlichen Potential zur Bedürfnisbefriedigung und dem Grad der Vergesellschaftung der Produktion sowie der politischen Stärke der organisierten Arbeiterbewegung vermitteln diese Verkehrsformen einen immer geringeren Gebrauchswert für die Massen. Infolgedessen glaubt niemand mehr an die materielle Gerechtigkeit des individuellen vertragsmäßigen Tausches, und immer mehr Menschen vertrauen eher den neuen staatlichen Planungsmechanismen und den ihnen vorgeschalteten Bargaining-Prozessen als der traditionellen Legalität. Eine abstrakte Orientierung an Gesetz, Recht, Ordnung und Vertragsfreiheit verfehlt immer mehr die realen gesellschaftlichen Verkehrsformen.

Hierin liegt der Grund für die oben skizzierte stärkere Gebrauchswertorientierung z. B. der *Hessischen Rahmenrichtlinien*, die die gegenwärtige curriculare Diskussion am entschiedensten aufgenommen haben. Politisches Bargaining als Grundlage staatlicher Planung erfordert Einüben in die Fähigkeit, Interessen zu formulieren und im Konflikt geltend zu machen. Die gesellschaftliche Verwendung des Wissens wird notwendigerweise zum zentralen Bezugspunkt des Lernprozesses. Es geht in ihm »um die Bedingungen für politisches Handeln und im Sinne einer politischen Verhaltenslehre um Einsicht in die Voraussetzungen für Nutzung und Erweiterung des politischen Handlungsspielraumes«[35]. Gelernt wird aber nicht die Sensibilität für den Gebrauchswert sozialer Beziehungen, sondern die Technik der Transformation von Bedürfnissen in durchsetzungsfähige, d. h. bargaining-fähige Interessen. Die Dialektik von Tauschabstraktion und Gebrauchswert gesellschaftlicher Beziehungen entfaltet sich in neuen Verkehrsformen: Die Legalität als Funktionsmodus des staatlichen Gewaltapparates und die ihr vorgeschalteten formellen Prozesse der Staatswillensbildung in allgemeinen, freien und geheimen Wahlen werden auf weiten Bereichen zum leeren Formalismus, der durch Bargaining-Prozesse und ihnen nachgeschaltete Planungsprozesse verdrängt wird. Die Verfügbarkeit gesellschaftlicher Prozesse vermittelt sich immer weniger

[35] Der Hessische Kultusminister: *Rahmenrichtlinien. Sekundarstufe I. Gesellschaftslehre*, S. 27.

über individuelle Vertragsformen und individuelle Freiheits- und politische Statusrechte, sondern über die Teilnahme am »Verteilungskonflikt«. Konflikt und Interessenverfolgung sind die Verkehrsformen, mittels derer sich das organisierte Individuum überhaupt noch an der Verfügung des gesellschaftlichen Prozesses beteiligen kann.[36]

Gebrauchswertorientierung des Lernprozesses im Sinne der Einübung in die Verwendungssituationen des Wissens und in strategisches Handeln meint daher zunächst lediglich die Einübung in diese neuen Verkehrsformen des Konfliktverhaltens. Sie bringen eine neue Art von Universalismus zum Ausdruck, insofern auch sie eine unmittelbare Beziehung der materiellen gesellschaftlichen Produktivkräfte auf Bedürfnisse unmöglich machen.

Auf diesen restriktiven Charakter der Gebrauchswertorientierung der *Hessischen Rahmenrichtlinien* zielt offenbar die Frage, ob nicht in ihnen »partienweise ... recht technokratische Leitvorstellungen von isoliert trainierbaren Kommunikationstechniken federführend waren, isoliert von lebensgeschichtlichen und situativen Kontexten. Kommunikationsathleten, allzeit bereit zur Entlarvung anderer wie zum taktischen Einsatz der eigenen Kommunikationswaffen, könnten ja gänzlich unfähig geworden sein, noch Erfahrungen zu machen, über die zu kommunizieren lohnt ...«[37]. Die kritische Intention dieser Frage müßte sich aber nicht an die Verfasser der Rahmenrichtlinien wenden, sondern an die gesellschaftlichen Verhältnisse selbst; sie erfordern die Einübung in Verkehrsformen, deren Wirksamkeit ein Konfliktathletentum verlangt, das einen Begriff von verbindlichen Formen und Inhalten gesellschaftlicher Beziehungen nur schwer wird entwickeln können.

Die widersprüchlichen Elemente der gegenwärtigen Curriculumentwicklung – zum einen eine stärkere Gebrauchswertorientierung der Lernprozesse, zum anderen eine Verschärfung der Kontrolle und Repression gegenüber Lernenden und Lehrenden – reflektieren somit einen einheitlichen gesellschaftlichen Prozeß. Die Gebrauchswertorientierung der Lerninhalte entspricht dem Gebrauchswert der Ware für den Konsumenten: er ist nur ergreifbar, wenn er in den Verkehrsformen angeeignet wird, die verbindliche gesellschaftliche Zielsetzungen und damit den Gebrauchswert gesellschaftlicher Beziehungen ausschließen. Die Interessen- und Konfliktorientie-

[36] Aus der Sicht der traditionellen Schulherrschaft, in der die neuen gesellschaftlichen Formveränderungen noch gar nicht wahrgenommen werden, vgl. die Kritik an den *Hessischen Rahmenrichtlinien* bei G. Püttner: ›Toleranz und Lehrpläne für Schulen‹, in: *DöV* 1974, S. 656 ff.

[37] H. Rumpf: ›Kommunikation nach Vorschrift ...‹, S. 95.

rung z. B. der *Hessischen Rahmenrichtlinien* repräsentiert daher auf einer Ebene entfalteter und verschärfter gesellschaftlicher Widersprüche eine ebenso universalistische und damit zweckindifferente Haltung wie Tausch-, Legalitäts- und Autoritätsorientierung auf einem weniger entfalteten Niveau gesellschaftlicher Widersprüche. Da die Einübung in diese neuen politisierten Verhaltensformen auch Potentiale freisetzt, die darauf gerichtet sind, den Gebrauchswert des Vergesellschaftungsprozesses selbst herzustellen, ihn gewissermaßen aus dem Dasein als Belohnungsmaschine zu befreien, ist die Rückbindung der Individuen und ihrer Bedürfnisorientierung an die neuen Verkehrsformen durch latente oder manifeste Gewalt eine konstitutionelle Notwendigkeit.

Es wäre allerdings falsch, aus dieser Diagnose die Schlußfolgerung abzuleiten, daß sich mit diesen neuen Formen der Vermittlung von Bildung und Herrschaft keine neue Qualität der gesellschaftlichen Verhältnisse durchgesetzt habe. Neue gesellschaftliche Formen von Widersprüchen mögen am Wesen der kapitalistischen Vergesellschaftung nichts ändern. Derartige abstrakte Aussagen sind entsprechend folgenlos. Gerade die spezifischen gesellschaftlichen Formen von Gesellschaft sind der Ansatzpunkt für gesellschaftliche Praxis. Stellen sich z. B. die *Hessischen Rahmenrichtlinien* durchaus als Versuche dar, einen den heutigen gesellschaftlichen Verhältnissen angepaßten neuen Universalismus zu produzieren, so ist doch nicht zu verkennen, daß damit die Möglichkeiten der Thematisierung des richtigen Inhalts gesellschaftlicher Beziehungen erheblich erweitert worden sind. Die noch sehr wenig entfaltete Tendenz bestimmter Gewerkschaften – z. B. der GEW –, nicht mehr nur die materiellen Bedingungen ihrer Mitglieder, sondern auch die gesellschaftlichen Lebensperspektiven der Empfänger der Lehrerdienstleistungen zum Gegenstand ihrer gewerkschaftlichen Politik zu machen, zeigt Veränderungen an, an die eine gebrauchswertorientierte gesellschaftliche Praxis anknüpfen könnte. Daß gegen derartige Versuche auch von seiten dieser Gewerkschaft die freiheitliche demokratische Grundordnung im Sinne des Grundgesetzes mobilisiert wird – also die restriktiven Verkehrsformen, in denen Gebrauchswerte in Wertabstraktionen verwandelt werden –, zeigt deutlich an, daß sie den zentralen Nervenpunkt unserer gegenwärtigen gesellschaftlichen Organisation treffen.

V. Schlußbemerkung

Der Versuch einer Klärung des Zusammenhanges zwischen den Formen politischer Herrschaft und den Inhalten von Curricula in staatlichen Bildungsinstitutionen hat die Schwierigkeiten offenbart, eindeutig fixierbare Interessenbindungen der Staatsgewalt festzustellen. In den universalistischen Vermittlungsformen zwischen der ökonomischen Klassenstruktur und der abstrakten Allgemeinheit politischer Herrschaft scheint jede »Parteilichkeit« des Staates für besondere Interessen ausgeschlossen. Selbst Politiken, die sich nicht auf die Durchsetzung und Aufrechterhaltung von Herrschaft schlechthin beschränken — wie eine Politik des gesamtwirtschaftlichen Gleichgewichts, der Vollbeschäftigung oder der Verbesserung der »Lebensqualität« —, reklamieren das Pathos eines »allgemeinen Interesses«, das sich deutlich von jeglichen »besonderen Interessen« distanziert.

Nun kann nicht geleugnet werden, daß Politik durchgängig besonderen und identifizierbaren Interessen folgt. Diese Feststellung ist nachgerade trivial. Entscheidend für die Struktur politischer Herrschaft ist aber auch nicht dies, sondern die Frage, nach welchen Kriterien besondere Interessen zu Elementen der politischen Herrschaft des Staates werden, der sich auf ein »allgemeines Interesse« beruft.

Die mögliche Antwort, daß sich die stärksten gesellschaftlichen Interessen auch stets politisch durchsetzten, ist hier zurückgewiesen worden. Sie ist entweder empirisch unhaltbar oder tautologisch. Sie ist empirisch unhaltbar, wenn unterstellt wird, daß der Staat zum politischen Instrument der stärksten gesellschaftlichen Interessengruppen gemacht wird; es ließen sich genügend Belege dafür finden, daß der Staat Politik auch im Interesse schwach organisierter Gruppen oder gar von Minderheiten betreibt. Das Gegenargument, daß gerade derartige Politiken den herrschenden Interessengruppen langfristig am besten dienten, ist keines; denn damit wird die These von der Durchsetzung der stärksten Interessen vollends unüberprüfbar. Sie ist tautologisch, insofern sie besagt, daß die stärksten Interessen diejenigen sind, die sich politisch durchzusetzen vermögen. Die Frage besteht gerade darin, welche Qualifikationen Interessen haben müssen, um in die staatliche Herrschaftsgewalt einzugehen.

Eine andere Antwort – die These von der strukturellen Selektivität der politischen Institutionen – hypostasiert den Einfluß institutioneller Strukturen auf die Umsetzung von Interessen in Politik und ist daher gleichfalls zu verwerfen.

Das Ergebnis dieser Untersuchung besteht in der Erkenntnis, daß die im Staat institutionalisierte Sphäre der Allgemeinheit nicht bloß eine ideologische Überhöhung von Klasseninteressen ist, die als allgemeine ausgegeben werden. Als gesellschaftliche Realität ist der Staat die Sphäre, die im Medium von Politik den formellen Zusammenhang der kapitalistischen Gesellschaft konstituiert, der materiell – als bewußte Planung und Entwicklung der Produktivkräfte – unter dem Diktat der bewußtlosen und anarchischen Vergesellschaftung durch das Kapital nicht herstellbar ist. Das im Staat institutionalisierte »allgemeine Interesse« liegt in der Sicherung dieses formellen Zusammenhanges. In seiner liberalen Version ist es Ordnung und Verbindlichkeit schlechthin. Das Charakteristikum dieses »allgemeinen Interesses« besteht darin, daß es sich auf der Grundlage eines Systems privater, d. h. jeglicher gesellschaftlicher Verbindlichkeit entbundener Interessen entfaltet. Die formelle Allgemeinheit und Verbindlichkeit ist die notwendige Erscheinungsform der Privatheit und Unverbindlichkeit der gesellschaftlichen Zwecke, deren Form das Interesse ist. Gesellschaftliche Bedürfnisse müssen die Form des verfügbaren Interesses annehmen, um zum Gegenstand formeller Allgemeinheit werden zu können; sie müssen nachgerade gesellschaftlich unverbindlich sein, um politisch-juristisch Verbindlichkeit erlangen zu können. Sie benötigen also die Qualifikation, in den gesellschaftlichen Verkehrsformen »transportierbar« zu sein, mittels deren ein formeller gesellschaftlicher Zusammenhang hergestellt wird.

Die traditionellen abstrakten privaten und politischen Verkehrsformen vermögen in einem immer geringer werdenden Ausmaß die Teilnahme der Individuen an den materiellen gesellschaftlichen Möglichkeiten zu vermitteln. Die in ihnen versprochene – wenn auch verzerrte – Möglichkeit individueller Verfügung über gesellschaftliche Zusammenhänge in Gestalt freier Selbstbestimmung wird durch neue Mechanismen der Partizipation an politisch vermittelten Verteilungssystemen verdrängt. Auch in ihnen erhält das Individuum keinen unmittelbaren Zugang zu den gesellschaftlichen Produktivkräften, aber sie sichern immerhin die Befriedigung elementarer Bedürfnisse. Gleichzeitig aber haben sie die Möglichkeit einer bewußten Verfügung über den gesellschaftlichen Lebenszusammenhang deutlicher werden lassen, insofern die abstrakte Allgemeinheit des Staates die materiellen Bedingungen des gesellschaftlichen Lebens – wenn auch nur formell –

umgreift: Wirtschaftswachstum, Vollbeschäftigung, Lebensqualität etc. In derartigen politischen Formeln drückt sich eine möglicherweise folgenreiche Ambivalenz aus: Zum einen bestätigen sie auf einer höheren Ebene der Vergesellschaftung die Abstraktion von verbindlichen gesellschaftlichen Inhalten, die aus den Möglichkeiten der Befriedigung von Bedürfnissen resultieren müßte, zum anderen aber suggerieren sie einen gesellschaftlichen Gebrauchswert von Politik, indem sie die Möglichkeit einer Versöhnung von materiellen Produktivkräften und Bedürfnissen andeuten.

Hierin drückt sich der Tatbestand aus, daß das »allgemeine Interesse« des Staates nicht mehr vollständig auf einem System frei verfügbarer Interessen aufruht, weil dieses selbst durch machtmäßig organisierte »private« Verteilungssysteme ersetzt worden ist. Damit formelle Allgemeinheit hergestellt werden kann, reicht es nicht aus, daß ein besonderes Interesse nur mächtig ist. Es muß zugleich in Strategien einer Politik der gesellschaftlichen Gebrauchswertsurrogate umformulierbar sein, d. h. sich selbst unmittelbar nicht als politisch allgemein, als Ordnung schlechthin, als national, als Gemeinwohl oder dergleichen setzen, sondern als gesellschaftliches Verhältnis mit einem spezifischen »Gebrauchswert«: als struktur-, stabilitäts-, wachstumsfördernd, Arbeitsplätze schaffend etc. Es ist kein Zufall, daß immer häufiger die Anlage von Kapital als einem abstrakten und ohne gesellschaftlichen Gebrauchswert ausgestatteten Vorgang als »Schaffung von Arbeitsplätzen« bezeichnet wird — hier wird auf den gesellschaftlichen Gebrauchswert eines besonderen Interesses angespielt.

Der reale Kern derartiger propagandistischer Formeln liegt in dem Tatbestand, daß der formelle Zusammenhang der Gesellschaft durch den Staat nicht mehr allein durch die Garantie eines interessenpluralistischen Systems freier Individuen oder Gruppen hergestellt werden kann; dessen Komplement ist die vom Staat durchgesetzte Ordnung, welche die Funktion hat, Bestrebungen nach einer unmittelbaren und bewußten Konstituierung gesellschaftlicher Allgemeinheit zu unterdrükken. Die hochkonzentrierten kapitalistischen Interessengruppen und -kartelle schaffen heute unterhalb der Ebene des Staates durch ihre Verwertungsstrategien bereits ein hohes Maß an gesellschaftlicher Allgemeinheit, indem sie unmittelbar die Lebensverhältnisse der Masse der Bevölkerung »privat«-administrativ ordnen, wobei die Massen selbst von dieser vergesellschaftenden Potenz ausgeschlossen sind. Sie tritt ihnen als abstrakte Allgemeinheit, als Autorität schlechthin gegenüber. Wenn heute z. B. die ›Neue Heimat‹ ganze Städte baut, dann ist sie für deren Bewohner die kommunale Allgemeinheit und Autorität, die ihnen ihren gesellschaftlichen Zusammenhang entreißt und als von ihrem gesellschaftlichen Leben abstrahierten im Kapital konstituiert. Die traditionellen tauschförmigen, auf die private Selbstbestimmung der Subjekte bezogenen Verkehrsformen sind gegenüber dieser höheren Form der Vergesellschaftung zunehmend funktionslos geworden; sie können kaum noch den Zugang zum Gebrauchswert gesellschaftlicher Beziehungen vermitteln. Die Vertragsfreiheit als die Form der Beziehung zwischen der ›Neuen Heimat‹ und den Stadtbewohnern anzusehen, klingt geradezu lächerlich.

Der Staat bewahrt seine Form als abstrakte Allgemeinheit der Gesellschaft daher auch nicht ausschließlich durch Aufrechterhaltung von Ordnung; teilweise ist diese Funktion bereits direkt auf »private« Armeen des Werkschutzes großer kapitalistischer Unternehmen übergegangen, die auf diese Weise auch sinnlich die den Massen entrissene Allgemeinheit des gesellschaftlichen Zusammenhanges im Kapital zum Ausdruck bringen. Die Allgemeinheit des Staates richtet sich zunehmend auf die Bereitstellung surrogatärer Entschädigungen für die gewaltsame Unterdrückung des Gebrauchswerts der entfalteten gesellschaftlichen Produktivkräfte. Während seine Funktion der Ordnungsgarantie der Unterdrückung aller Bestrebungen dient, sich des vergesellschaftenden Potentials der Produktivkräfte zu bemächtigen, haben die sozialstaatlichen Politiken die Funktion, jenes Minimum an Gebrauchswert der gesellschaftlichen Beziehungen herzustellen, das die »freiheitlichen« Verkehrsformen privater Interessenverfolgung nicht mehr zu vermitteln vermögen. Der Staat muß zunehmend explizit die gesellschaftlichen Verhältnisse in einer Weise regulieren, daß er die Individuen gewissermaßen zu gesellschaftlichen Fürsorgeempfängern macht. Daher resultiert im übrigen die allmähliche Transformation des Legalitätsprinzips in wechselseitige Fürsorge- und Treueverpflichtungen zwischen Staatsbürger und Staat.

Die Curricula staatlicher Bildungsinstitutionen richten sich daher auch zunehmend auf die Fähigkeiten der Individuen, ihre Funktion als gesellschaftliche Fürsorgeempfänger wahrzunehmen. Während die traditionellen Curricula nach wie vor in jene universalistischen Verkehrsformen einmünden die die Fähigkeit zur Selbst- und Fremdinstrumentalisierung produzieren und die angesichts ihres gesunkenen Gebrauchswerts zu massenhaften Apathieerscheinungen geführt haben, müssen die sozialstaatlichen Verkehrsformen unmittelbar das Interesse an den Gebrauchswertsurrogaten wecken, deren Anerkennung die Bedingung für das Bewußtsein gesellschaftlicher Allgemeinheit ist. Damit werden aber, wie die Politisierung des Bildungswesens in den letzten Jahren gezeigt hat, Potenzen freigesetzt, die nicht vollständig in sozialstaatliche Politiken oder in Persönlichkeitsmerkmale einer loyalen Einsicht in den Gebrauchswert der angebotenen Surrogate für die reale Verfügung über den Vergesellschaftungsprozeß integrierbar sind.

In dem Widerspruch zwischen der Notwendigkeit, den Gebrauchswert gesellschaftlicher Beziehungen zu thematisieren, um die Individuen mit der formellen Allgemeinheit der Gesellschaft zu versöhnen, und der zunehmenden Einsicht in den surrogatären Charakter der angebotenen Entschädigungen für die unterdrückte Möglichkeit der Verfügung über den Vergesellschaftungsprozeß liegt der Ansatz für gesellschaftliche Praxis. Der Anspruch auf gesellschaftliche Nützlichkeit verbirgt sich nicht länger im Pathos »freiheitlich«-universalistischer Verkehrsformen, sondern muß in verzerrter Form explizit als Ratio von Herrschaft und Politik proklamiert werden. Das zeigt die Zuspitzung des Widerspruchs zwischen den entfalteten gesellschaftlichen Produktivkräften und den institutionellen Formen ihrer Fesselung: durch ihn wird die Frage nach dem gesellschaftlichen Gebrauchswert der kapitalistischen Produktionsweise offen in der Struktur politischer Herrschaft verankert.

B | Ausbildungsfreiheit und Ausbildungsstreik

Die Ausbildungsfreiheit hat jahrelang in der Öffentlichkeit kaum ein größeres politisches Interesse gefunden. Selbst das Urteil des Bundesverfassungsgerichts vom 18. Juli 1972 über die Zulässigkeit des sog. Numerus clausus[1] behandelt eher die Kapazitätsprobleme der Universität als die spezifischen gesellschaftlichen Probleme der Ausbildungsfreiheit; diese erscheint als ein Reflex der Ausbildungssituationen — und dies selbst dort, wo das Recht der freien Wahl der Ausbildungsstätte als selbständiges subjektives Recht ausdrücklich bestätigt wird, da auch in derartigen Bestätigungen der gesellschaftliche Charakter der Ausbildungsfreiheit unbegriffen bleibt.

Die stiefmütterliche Behandlung der Ausbildungsfreiheit mag traditionelle Gründe haben: Die klassische Vorstellung über das Verhältnis der Ausbildung zu der Berufswahl und der Berufsausübung besteht darin, daß die Ausbildung eine im Leben des Menschen relativ kurze, der späteren Berufsausübung vorgeschaltete Phase sei, die lediglich transitorische Bedeutung habe. Zudem ist diese Phase bei einem großen Teil der Auszubildenden auch noch die Phase ihrer juristischen und weitgehend gesellschaftlichen Unmündigkeit, so daß der Ernst des Lebens, und damit die gesellschaftliche Relevanz, eigentlich erst mit dem Eintritt in das Berufsleben zu beginnen scheint. Seit der Zusammenhang zwischen Ausbildungssystem und Beschäftigungssystem zum Gegenstand von Bildungsplanung, Fiskal- und Konjunkturpolitik geworden ist, läßt sich der Ausbildungsprozeß allerdings nicht länger als eine periphere Größe behandeln. Die zunehmenden Auseinandersetzungen über den Umfang des staatlichen Herrschaftsanspruchs über die Ausbildungsinhalte — so z. B. der Streit über die *Hessischen Rahmenlinien*, über das *Berliner Lehrerbildungsgesetz*[2] oder über das *Bremische Juristenausbildungsgesetz*[3] — hat vielleicht noch deutlicher die politische Brisanz der Ausbildungsfreiheit zum Ausdruck gebracht. Schüler-,

[1] *BVerfG* E 33, S. 303 ff.

[2] Vgl. hierzu W-D. Narr/U. Wesel: *Staatsexamen, Wissenschaft und Pluralismus.* Dokumentation FU Berlin, Nr. 4/72.

[3] Vgl. *BremJAG* v. 3. Juli 1973 *(brem. GBl.* S. 177) sowie das vor dem brem. Staatsgerichtshof anhängige Verfahren über die Verfassungsmäßigkeit einiger seiner Bestimmungen, St 1/73 u. 2/73.

Lehrlings- und Studentenaktionen haben überdies gezeigt, daß der Ausbildungsbereich auch Bedeutung für das politische Krisenmanagement erlangen kann. Und schließlich spielt der Prozeß der Ausbildung in der individuellen Biographie jedes einzelnen in dem Maße eine größere Rolle, in dem Ausbildungs- und Qualifikationsprozesse nicht länger als in sich abgeschlossene, relativ kurze und einmalige Prozesse angesehen werden können.

Im folgenden sollen die gesellschaftlichen Bedingungen erörtert werden, die zu einer Veränderung von Funktion und Inhalt der Ausbildungsfreiheit geführt haben. Daraus lassen sich dann Kriterien für die juristische Bewertung von sog. Ausbildungsstreiks ableiten. Die Diskussion der Ausbildungsfreiheit wird sich auf zwei Ebenen bewegen: Zum einen sind ihre ökonomischen Funktionsbedingungen zu klären, zum andern, damit zusammenhängend, aber analytisch zu trennen, ihre institutionellen Funktionsbedingungen. Die Diskussion der Ausbildungsfreiheit der Lehrlinge ist im Hinblick auf die vorliegende Arbeit von Th. Blanke[4] hier ausgeklammert worden, zumal sie wegen des dualen Berufsbildungssystems Besonderheiten aufweist, die im Rahmen dieser Darstellung nicht hätten bearbeitet werden können.

[4] Thomas Blanke: *Funktionswandel des Streiks im Spätkapitalismus. Am Beispiel der Lehrlingsstreiks.* Frankfurt/M. 1972, mit weiteren Nachweisen; vgl. auch I. Richter: *Bildungsverfassungsrecht. Studien zum Verfassungswandel im Bildungswesen.* Stuttgart 1973, S. 102 ff.

I. Ökonomische Funktionsbedingungen der Ausbildungsfreiheit

Der traditionelle Gehalt der Ausbildungsfreiheit ist liberal. Bereits im Jahre 1818 verlangte die *Allgemeine Deutsche Burschenschaft* die »freie Vereinigung der gesamten wissenschaftlich sich bildenden deutschen Jugend zu einem Ganzen; begründet auf das Verhältnis der deutschen Jugend zur werdenden Einheit des deutschen Volkes«, die »Einheit, Freiheit und Gleichheit aller Burschen untereinander«[1] – damit die Emanzipation des korporativ, zünftig und ständisch gebundenen Zöglings ihn bevormundender wissenschaftlicher Korporationen zum staatsbürgerlichen und gleichen Studenten. Sieht man einmal von den nationalstaatlichen Illusionen der burschenschaftlichen Bewegung und ihrer Vorstellung ab, die deutsche Einheit und ein allgemeines Staatsbürgertum durch diese kleinbürgerlich-intellektuelle Bewegung herbeizuführen, so bleibt doch als reales Ergebnis des § 159 der Paulskirchenverfassung von 1849: Das Recht, die Ausbildungsstätte frei wählen zu können, ist gewissermaßen die Gewerbefreiheit der kleinbürgerlichen Intelligenz. Wie diese hatte es eine antifeudale und antiabsolutistische Stoßrichtung und war insofern durchaus ein bürgerliches Emanzipationsrecht.

Mit der Einrichtung und Gewährleistung autonomer Universitäten war das mit dem Grundrecht der freien Wahl der Ausbildungsstätte aufgestellte Verbot an staatliche Instanzen, regulierend in den individuell organisierten Ausbildungsprozeß einzugreifen, für die akademischen Berufe praktisch erfüllt. Die Tatsache, daß der Auszubildende nicht nur während des Aufenthalts in der Universität, sondern auch im staatlichen Vorbereitungsdienst als Referendar, ja teilweise sogar als Assessor ohne Arbeitseinkommen war und seinen Lebensunterhalt aus eigenen Mitteln bestreiten mußte – so daß im Extremfall in einzelnen Berufen das erste berufliche Einkommen mit dem 30. Lebensjahr erzielt wurde –, zeigt allerdings deutlich die sozialökonomischen Grenzen des Rechts auf freie Wahl der Ausbildungsstätte an. Ein politisches Problem konnte in dieser ökonomischen Restriktion der Ausbildungsfreiheit solange nicht gesehen werden, wie die materiellen Voraussetzungen für ihre Verwirklichung von den An-

[1] Vgl. K. Griewank: *Deutsche Studenten und Universitäten in der Revolution von 1848.* Weimar 1949, S. 9.

gehörigen der bürgerlichen Klasse privat selbst geschaffen werden konnten. Denn der gesamte liberale Freiheitskatalog bürgerlicher Verfassungen basiert auf dieser Voraussetzung.

Im Grundgesetz wird dieser Sachverhalt noch dadurch unterstrichen, daß die Berufs- und die Ausbildungsfreiheit in ein und demselben Artikel — Art. 12 Abs. 1 — garantiert werden. Auch die Berufsfreiheit ist daran gebunden, daß der Berufstüchtige einen Arbeitsplatz findet oder sich — als Freiberuflicher — die materiellen Bedingungen für seine berufliche Arbeit privat schaffen kann.

Hinsichtlich der Ausbildungsfreiheit haben sich offenbar die gesellschaftlichen Funktionsbedingungen grundlegend gewandelt.

In der Entscheidung des Bundesverfassungsgerichts zum sog. Numerus clausus vom 18. Juli 1972 findet sich eine deutliche Abgrenzung des im Kern liberalen Berufsfreiheitsrechts gegenüber dem stärker sozialstaatlich orientierten Recht auf freie Wahl der Ausbildungsstätte. »Je stärker der moderne Staat sich der sozialen Sicherung und kulturellen Förderung der Bürger zuwendet, desto mehr tritt im Verhältnis zwischen Bürger und Staat neben das ursprüngliche Postulat grundrechtlicher Freiheitssicherung vor dem Staat die komplementäre Forderung nach grundrechtlicher Verbürgung der Teilhabe an staatlichen Leistungen.«[2]

Der spezifische Unterschied zwischen dem Recht auf freie Wahl des Berufes und des Arbeitsplatzes sowie der freien Wahl der Ausbildungsstätte wird indessen in dieser Feststellung noch nicht klar; soziale Sicherung und kulturelle Förderung der Bürger müssen sich keinesfalls in der Teilhabe an staatlichen Ausbildungsleistungen manifestieren; sie können ebenso und unter Umständen sogar in stärkerem Umfange in der Gewährung eines Anspruches auf Arbeit zum Ausdruck kommen. Das gilt auch für die in demselben Urteil enthaltene Feststellung, daß »die freie Wahl der Ausbildungsstätte ihrer Natur nach auf freien Zugang zu Einrichtungen (zielt); das Freiheitsrecht wäre ohne die tatsächliche Voraussetzung, es in Anspruch nehmen zu können, wertlos«[3]. Auch hier ergibt sich keinerlei spezifische Differenz zu dem Recht auf freie Wahl des Berufes und des Arbeitsplatzes, da auch dieses Recht ohne die tatsächliche Voraussetzung, es in Anspruch nehmen zu können, wertlos wird; der Mangel an geeigneten Arbeitsplätzen macht das Recht auf die freie Wahl des Berufes oder des Arbeitsplatzes wertlos.

Die Umformulierung des liberalen Rechts auf die freie Wahl der Ausbildungsstätte in ein Recht auf Beteiligung an

[2] *BVerfG* E 33, S. 330 f.
[3] *BVerfG* E B d. 33, S. 331.

staatlichen Leistungen scheint also durchaus nicht etwas dem Ausbildungsprozeß Immanentes zu sein, sondern das Ergebnis einer Entwicklung, in der die gesellschaftlichen Voraussetzungen für einen ausschließlich liberalen Charakter dieses Grundrechts entfallen sind. Das individuelle Arbeitsvermögen als privates Eigentum des Arbeitenden und damit die gesellschaftliche Form der Berufsfreiheit als Dispositionsbefugnis über dieses Eigentum ist, wie das zitierte Urteil des Bundesverfassungsgerichts bestätigt, erhalten geblieben; dem Prozeß der Ausbildung dagegen wird eine über die individuelle Wahl der Ausbildungsstätte hinausgehende gesellschaftliche Funktion zuerkannt; sie vermag offenbar Ansprüche an die Gesellschaft zu rechtfertigen. Ausbildung ist nicht länger nur eine individuelle Vorbereitung für eine spätere individuelle Verfügung über das Arbeitsvermögen, sondern hat eine diese privateigentümlichen Formen sprengende gesellschaftliche Dimension erhalten.

Der Prozeß der Ausbildung ist, anders als der Prozeß der Arbeit, nicht produktiv, d. h. er schafft keine Werte; im Gegenteil, er verzehrt Werte[4]: Der Gebrauch sächlicher und persönlicher Lehrmittel vermehrt die Qualifikationen des Auszubildenden; diese Qualifikation ist, personalisiert im Ausgebildeten, jedoch kein Wert, der dem Träger der Ausbildungsinstitution, der die Ausbildungsmittel zur Verfügung gestellt hat, in vermehrtem Umfange wieder zuwächst. Vielmehr wird die Arbeitsfähigkeit des Ausgebildeten erst im Rahmen von Arbeitsverhältnissen produktiv, die er nach Abschluß seiner Ausbildung eingeht.[5]

Ein ökonomischer Druck auf das staatliche Ausbildungswesen geht daher nicht unmittelbar aus den Anforderungen des kapitalistischen Produktionsprozesses hervor. Er vermittelt sich vielmehr über den Zwang zur Einsparung unproduktiver, aber notwendiger Kosten. Mit dieser Feststellung ist ein grundlegender Widerspruch in der Finanzpolitik des kapitalistischen Staates angesprochen: Je mehr Produktionsvoraussetzungen für den kapitalistischen Verwertungsprozeß aus staatlichen Finanzmitteln geschaffen werden, desto höher ist — *ceteribus paribus* — prinzipiell die Profitrate der fungierenden Kapitale. Andererseits: Je mehr Geld durch die Steuergewalt

[4] Vgl. hierzu F. Huisken: *Zur Kritik bürgerlicher Didaktik und Bildungsökonomie.* München 1972.

[5] Auf die theoretische Diskussion über produktive und unproduktive Arbeit im Rahmen kapitalistischer Produktionsverhältnisse gehe ich hier nicht ein. In diesem Zusammenhang kommt es lediglich darauf an, für die nachfolgende Argumentation die Unterscheidung zwischen Arbeit und Ausbildung — juristisch reflektiert in der Unterscheidung zwischen Berufs- und Ausbildungsfreiheit — vorzunehmen, ohne daß es auf die gesellschaftliche Formbestimmtheit verschiedener Kategorien von Arbeit ankommt.

des Staates abgeschöpft wird, um die vielfältigen Staatsaufgaben zu finanzieren, desto geringer ist die gesamtgesellschaftlich zur Verfügung stehende Kapitalmenge, die zur Verwertung auf höherer Stufenleiter angewendet werden kann. Expansion der produktionsnotwendigen Staatsaufgaben und möglichst geringer Steuersatz bestimmen als widersprüchliche Anforderungen die Beziehung des Staates zum Ausbildungssektor.

Diese allgemeine Feststellung ist in folgender Hinsicht zu differenzieren. Nicht alle an der Universität vermittelten beruflichen Qualifikationen haben eine gleich intensive Beziehung zum kapitalistischen Produktionsprozeß. Es können — grob eingeteilt — folgende Kategorien von Berufsqualifikationen unterschieden werden:

1. Naturwissenschaftler, Techniker, Ingenieure;
2. Berufe für kapitalistische Vermittlungsfunktionen, vor allem für Handel, Banken, Versicherungen;
3. staatliche/staatlich geordnete Berufe: Lehrer, Sozialpädagogen, Ärzte, Juristen u. ä.

Diese drei Kategorien stehen in abgestufter Intensität zur kapitalistischen Produktionssphäre. Am nächsten stehen ihr die Naturwissenschaftler etc.; ob sie bereits unmittelbar produktive Arbeiter sind, kann hier dahingestellt bleiben. Auf jeden Fall rationalisieren sie mechanisch organisierte Arbeitsprozesse, z. T. bereiten sie automatisierte Arbeitsprozesse vor, organisieren und steuern sie. Ihre wissenschaftliche Qualifikation ist unmittelbar produktionsrelevant und daher von unmittelbarem Interesse für den Prozeß der Kapitalverwertung.

Die o. g. zweite Kategorie — sog. Zirkulationsagenten — ist am kapitalistischen Reichtumsproduktionsprozeß unmittelbar nicht beteiligt, hat aber einen erheblichen Einfluß auf die Realisierung des in der Produktion geschaffenen Mehrwerts, so daß auch in bezug auf sie ein unmittelbares kapitalistisches Qualifikationsinteresse besteht. Hier läßt sich aber die Hypothese aufstellen, daß angesichts des Charakters der von dieser Kategorie geleisteten Dienstleistungen der technologische Innovationsdruck geringer sein dürfte als bei der ersten Kategorie, weil die Grenzen der Automatisierung von Arbeitsvorgängen erheblich enger sind. Das würde bedeuten, daß auch der Druck zur Anpassung der Qualifikationsprozesse an veränderte Berufsanforderungen in den staatlichen Ausbildungsinstitutionen schwächer ist.

Die staatlichen bzw. staatlich geordneten Berufe schließlich erbringen überwiegend Dienstleistungen nicht unmittelbar für den Kapitalverwertungsprozeß, sondern für Bedürfnissysteme, die ihrerseits in einem mehr oder weniger engen Zusammenhang mit dem Kapitalverwertungsprozeß stehen. Entscheidend ist aber für sie, daß ihre Orientierung an konkreten Bedürfnissen sich in einer mehr oder weniger stark ausgeprägten Klientenorientierung ausdrückt. Das hat zur Konsequenz, daß technologische Innovationen und daraus resultierende Umwälzungen in diesem Bereich am langsamsten stattfinden; sie werden praktisch allein aufgrund veränderter konkreter Bedürfnisse oder — vor allem für die Staatsbediensteten — fiskalischer Restriktionen erzwungen.

Hinsichtlich des staatlich institutionalisierten Ausbildungsbereichs bedeutet diese noch sehr schematische Unterscheidung, daß man wohl nicht generell von einem Zwang zur Anpassung an kapitalistische Qualifikationsinteressen sprechen kann. Berücksichtigt man die oben getroffene Feststellung, nach der staatliche Politik durch die einander widersprechenden Anforderungen möglichst umfangreicher produktions- und verwertungsrelevanter Leistungen und möglichster Steuerschonung gekennzeichnet ist, so ist es wahrscheinlich, daß vor allem die Qualifikationsprozesse der dritten Kategorie nicht aufgrund unmittelbarer Kapitalverwertungsinteressen verändert werden. Aber auch hinsichtlich der ersten beiden Kategorien von Berufsfunktionen können sich kapitalistische Interessen nicht unmittelbar durchsetzen.[6] Da der Ausbildungsbereich insgesamt nicht kapitalistischen Reichtum schafft, sondern verzehrt, können ökonomische Zwänge auf das Bildungswesen nur vermittelt über staatliche Politik einwirken. Diese Politik kann — wie vorwiegend für die unmittelbar kapitalrelevanten Qualifikationsprozesse — Qualifikationspolitik *(Bildungspolitik)* sein, d. h. sie zielt unmittelbar auf die Beeinflussung von Qualifikationsprozessen; diese Politik hat dann fiskalische Folgen. Oder diese Politik ist — wie vorwiegend für die staatsgebundenen Dienstleistungsberufe — *Finanzpolitik*, d. h. sie zielt in erster Linie nicht auf berufliche Qualifikationen, sondern auf Ausgabenkürzungen; diese Politik hat dann bildungspolitische Folgen.

Die Ausbildungsfreiheit ist also ihrer Struktur nach ein Recht auf Beteiligung am Konsum eines Teils des gesamtgesellschaftlichen Reichtums, während die Berufsfreiheit die juristische Form des gesellschaftlichen Zwanges ist, abstrakten, d. h. kapitalistischen Reichtum zu produzieren. Während die Verwirklichung der Berufsfreiheit von dem Bedarf des Kapitals nach Arbeit abhängig ist, ist die Ausbildungsfreiheit unmittelbar eine Funktion staatlicher Bildungs- und Finanzpolitik. Diese heute ganz selbstverständliche Erkenntnis konnte solange verborgen bleiben, wie die staatlichen Ausbildungs-

[6] Durch welche Vermittlungsmechanismen sich derartige Interessen überhaupt nur durchsetzen können ist damit noch ungeklärt. Dieses Problem ist oben in dem Beitrag ›Bildung und Herrschaft‹ ausführlich behandelt worden.

institutionen noch primär als Bestandteil des vom Staat repräsentierten institutionellen Gefüges angesehen werden konnten, ähnlich wie das Rechtswesen und seine Institutionen. Das Individuum verhielt sich zu diesem institutionellen Rahmen abwehrend, durch Geltendmachung von Freiheitsrechten: Die Ausbildungsfreiheit war die Freiheit vor staatlichen Berufs- und Ausbildungslenkungsmaßnahmen. Es sollten staatliche Eingriffe in private Berufswahlentscheidungen abgewehrt werden.

Freiheitsrechte garantieren »eigenpersönliche, selbstbestimmte Lebensgestaltung« oder — wie es in einem Aufsatz von Friauf über die Rolle der Grundrechte im Interventions- und Leistungsstaat heißt — verweisen den einzelnen auf sein »eigenes Schicksalsrisiko«; darin erscheinen die gesellschaftlichen Lebensumstände des Individuums als autonome Individualakte, deren Ergebnisse als Lebensschicksal interpretiert werden. Eine solche Interpretation kann schlüssig nur solange vorgenommen werden, wie die lebensgeschichtlichen Entscheidungen des einzelnen tatsächlich noch weitgehend von seinem individuellen Verhalten abhängig sind. Solange also gegebene Ausbildungsinstitutionen relativ statisch als institutionelle Randbedingung der individuellen Entscheidungen des einzelnen angesehen werden können, mag eine bestimmte Ausbildungsentscheidung und ein bestimmter Ausbildungsweg als autonome Lebenswegentscheidung des einzelnen interpretierbar sein.

Diese juristische Interpretation reflektierte den gesellschaftlichen Sachverhalt, daß die akademische Bildung noch weitgehend von den ökonomischen Schwankungen des Produktionsprozesses unberührt war und in den Bereich des unproduktiven Staatskonsums gehörte. Dies läßt sich damit erhärten, daß die Frequenz der Universitäten im 19. Jahrhundert in Zeiten ökonomischer Schwäche oder Depression merkbar zunahm, während sie in Zeiten ökonomischer Blüte ihre jeweils tiefsten Werte hatte. Der Drang in den Staatsdienst — und damit zu einer konjunkturunabhängigen Versorgung — bedeutete unproduktive Verwendung des Arbeitsvermögens, dessen wissenschaftliche Qualifikation offenbar zur ökonomischen Entwicklung wenig beitrug. Der Produktionsprozeß bewegte sich noch auf einem technologischen Niveau, das eine relativ breite wissenschaftlich qualifizierte Arbeitsbevölkerung nicht benötigte, während die Dienstleistungen des Staates, die eine universitäre Vorbildung zur Voraussetzung hatten — Lehrer, Ärzte, Juristen, Techniker im technischen Aufsichtsdienst —, lediglich einige Rahmenbedingungen der Produktion gewährleisteten.

Der Prozeß der Einbeziehung der staatlichen Institutionen in den ökonomischen Krisenzusammenhang der kapitalistischen Produktion kann hier nicht dargelegt werden; er wird gemeinhin als die Auflösung des Gegensatzes von Staat und Gesellschaft bezeichnet und kennzeichnet den Sachverhalt, daß der gesellschaftliche Produktions- und Reproduktionsprozeß selbst unmittelbar zum Gegenstand staatlicher Politik wird. Eine wichtige Konsequenz aus diesem Sachverhalt besteht darin, daß die staatlichen Ausgaben nicht mehr die primäre Funktion haben, die Institutionen des Staates zu erhalten. Wenn die liberale Haushaltsdoktrin lautete, daß der Staatshaushalt niedrig, rein fiskalisch und wirtschaftspolitisch neutral sein müsse[7], so unterstellte sie — zu Recht oder zu Unrecht — ein konjunkturunabhängiges System staatlicher Institutionen, zu dem auch das höhere Bildungswesen zählte. In dem Maße, in dem staatliche Finanzpolitik zu einem Instrument von Konjunktur- und Infrastrukturpolitik wird, läßt sich der Staat ökonomisch nicht länger als eine Sphäre konjunkturunabhängigen Konsums, politisch-juristisch als eine Sphäre in sich ruhender, stabiler Institutionen interpretieren. Die Realität offenbart mit allzu großer Deutlichkeit die Rückbindung staatlicher Tätigkeit an die widersprüchliche Bewegung des ökonomischen Prozesses.

Für das höhere Bildungswesen läßt sich jedenfalls sagen, daß es aus dem relativ statischen Kranz staatlicher Institutionen — wie die »klassischen« Verwaltungsbürokratien, Justiz, Polizei — herausgehoben ist und Funktionen übernommen hat, die unmittelbar auf wechselhafte ökonomische Lagen bezogen sind: Ob man diese Funktion als Anpassung der Qualifikationsstruktur an die Arbeitsplatzstruktur bestimmt — und damit die Bildungssituationen unmittelbar in den Zusammenhang ökonomischer Verwertung[8] stellt — oder als Absorption überschüssiger Arbeitskraft zum Zwecke der Integration von Konfliktpotential[9], soll hier nicht erörtert werden.

[7] Vgl. F. Neumark: ›Grundsätze und Arten der Haushaltsführung und Finanzbedarfsdeckung‹, in: *Handbuch der Finanzwirtschaft.* Bd. I. 2. Aufl. Tübingen 1952, S. 606 — 669, hier S. 610 ff.

[8] Vgl. hierzu F. Edding: *Ökonomie des Bildungswesens. Lehren und Lernen als Haushalt und Investition.* Freiburg 1973; H.-J. Bodenhöfer/C. C. v. Weizsäcker: *Bildungsinvestitionen.* Pfullingen 1967; aus marxistischer Sicht vgl. D. Hinrichsen/K. Köhler: ›Bürgerliche Theorien — Darstellung und Kritik. Kritik der bürgerlichen Bildungsökonomie‹, in: E. Altvater/F. Huisken (Hg.): *Materialien zur politischen Ökonomie des Ausbildungssektors,* S. 11—53, insbes. S. 38 ff; E. Becker/G. Jungblut: *Strategien der Bildungsproduktion. Eine Untersuchung über Bildungsökonomie . . .* insbes. S. 19 ff; D. Otten: *Kapitalentwicklung und Qualifikationsentwicklung. Zum logischen und historischen Verhältnis von wiss.-techn. Entwicklung und Ausbildung des Arbeitsvermögens.* West-Berlin 1973.

[9] Vgl. hierzu C. Offe: *Bildungssystem, Beschäftigungssystem und Bildungspolitik . . .,* S. 47 f; G. Lenhardt: *Berufliche Weiterbildung und kapitalistische Arbeitsteilung in der Industrieproduktion,* S. 210 ff.

Dies wird auch für die oben genannten drei Kategorien von Berufsfunktionen jeweils unterschiedlich zu beantworten sein. Denn in jedem Fall wird die Kapazität der Bildungsinstitutionen zu einer der Planung unterliegenden komplementären Funktion des Arbeitsmarktes. Damit wird aber der Charakter der Ausbildungs»freiheit« als Anspruch auf staatliche Ressourcen offenbar.

Aus der Sicht des mit Grundrechten ausgestatteten Staatsbürgers wird staatliche Politik zur »Grundrechtspolitik«. »Je mehr ›Grundrechtspolitik‹ kostet, desto mehr gelten die Grundrechte nach Maßgabe des Leistungsstaats«[10] — damit ist auf der Ebene der Erscheinungsformen der Übergang der Ausbildungsfreiheit zu einem sozialstaatlichen Leistungsrecht zutreffend gekennzeichnet. Unbegriffen bleibt indessen in einer derartigen Bemerkung der Umstand, daß das Problem sozialstaatlicher Leistungsrechte keinesfalls allein mit der Kategorie der Knappheit der vorhandenen staatlichen Ressourcen erklärt werden kann; das läßt sich leicht an dem Umstand feststellen, daß z. B. vorhandene staatliche Finanzmittel aus konjunkturpolitischen Gründen »eingefroren« werden und damit ein in Geldmengen ausgedrückter staatlicher Reichtum für die vorhandenen Aufgaben an sich ausgegeben werden könnte.

Der Anspruch auf staatliche Ressourcen bedeutet daher nur vordergründig einen Anteil an dem durch die staatliche Steuerhoheit abgeschöpften Geldreichtum. Wenn gesagt wird, daß »bei der (Aus-)Bildungsplanung, im Spannungsfeld von individuellen Wünschen, gesellschaftlicher Nachfrage und volkswirtschaftlicher Leistungsfähigkeit . . . zu berücksichtigen (ist), daß eine unbegrenzte Mobilisierung der Finanzmassen durch übergroße Steuererhöhungen den Leistungsstaat auf lange Sicht in Grundrechtsdefizite bringt . . .«[11], so wird dabei übersehen, daß die staatliche Steuer- und Haushaltspolitik nicht ausschließlich der Finanzierung öffentlicher Aufgaben dient, sondern in einem wesentlicherem Umfang der Beeinflussung und womöglich Steuerung der Bedingungen und Folgen des Kapitalverwertungsprozesses. Um es zugespitzt zu formulieren: Grundrechtspolitik ist ein Element antizyklischer Fiskalpolitik, und die immer wieder beschworene Leistungsfähigkeit des Gemeinwesens besteht in der von den jeweiligen Kapitalverwertungsmöglichkeiten abhängigen Fähigkeit, die Konjunktur zu stimulieren oder zu bremsen.

Die ökonomischen Situationen des Lohnarbeiters, des Lehr- und des Studienwilligen scheinen dadurch sehr ähnlich: Der Lohnarbeiter und der Lehrwillige können nur arbeiten bzw.

[10] P. Häberle: ›Grundrechte im Leistungsstaat‹, in: *VVDStRL* 30 (1972), S. 43 — 141, hier S. 112 ff.
[11] Ebd., S. 119.

lernen, wenn Kapital investiert worden ist, das qualifiziertes Arbeitsvermögen nachfragt bzw. an der Qualifizierung des Arbeitsvermögens interessiert ist. Ihr Berufs- bzw. Ausbildungsfreiheitsrecht hat stets nur diesen gesellschaftlichen Inhalt gehabt; sie müssen mit anderen Lohnarbeitern bzw. Lernwilligen um knappe Arbeits- bzw. Ausbildungsplätze konkurrieren. Der Studienwillige muß — angesichts des Numerus clausus, der die prinzipielle Begrenztheit von Ausbildungsplätzen zum Ausdruck bringt — mit anderen Studienwilligen konkurrieren, um einen Ausbildungsplatz zu erhalten. Die Schärfe der Konkurrenz hängt davon ab, in welchem Umfange der Staat in Ausbildungsplätze »investiert«.

Dieser Schein verdeckt aber den wirklichen ökonomischen Sachverhalt. Der Staat als Träger des Ausbildungswesens ist kein Kapitalist, d. h. die von ihm verausgabten Finanzmittel sind kein Kapital. Was Huisken[12] für das allgemeinbildende Schulwesen festgestellt hat, gilt auch für die staatlichen Hochschulen: »In keiner Phase des Produktionsprozesses des Arbeitsvermögens (scil. in der öffentlichen Schule — U.K.P.) bereichert sich derjenige, der Geld verausgabt: weder verkauft der Staat die produzierten Arbeitsvermögen gewinnbringend weiter, noch tun es diejenigen, die die Arbeitsvermögen besitzen . . . Der Verkauf der Ware Arbeitskraft dient dem Arbeiter nicht zu seiner Bereicherung: er verkauft seine Ware nicht, um deren Äquivalent kapitalbildend einzusetzen, sondern um Lebensmittel zu seiner Erhaltung dafür einzutauschen . . . Nach wie vor wird in den allgemeinbildenden öffentlichen Schulen Geld als Geld für Dienste, die bestimmte ›Lebensmittel‹ schaffen, verausgabt.«
Wenn auch der Staat als Träger des Ausbildungswesens kein Kapitalist ist, so unterliegt er doch in seiner Finanzpolitik und damit Bildungspolitik den aus der kapitalistischen Ökonomie resultierenden Restriktionen. Schöpft er durch seine Steuerhoheit zu viele Finanzmittel ab, so bedeutet dies eine Verminderung des für die Kapitalisten zur Verfügung stehenden Gesamtkapitalfonds, gleichzeitig auch eine Verminderung der der Arbeiterklasse zur Verfügung stehenden Reproduktionsmittel und damit eine Verschlechterung ihrer Lebensbedingungen. Daraus können Lohnforderungen abgeleitet werden, um den sozialen Status quo zu erhalten, deren Erfüllung wiederum die Profitrate des Kapitals beeinträchtigt. Wird die Steuer — wie dies heute überwiegend der Fall ist — gleichzeitig als Instrument der Konjunkturbeeinflussung eingesetzt, so führt dies in Zeiten der Hochkonjunktur zu einem verringer-

[12] F. Huisken: ›Die Produktion des Arbeitsvermögens und die Arbeit des Lehrers‹, in: Altvater/Huisken (Hg.): *Materialien zur politischen Ökonomie des Ausbildungssektors . . .*, S. 220—227, Zitate S. 221 u. 222.

ten Staatsverbrauch, in Zeiten der Konjunkturabschwächung und der Depression zur staatlichen Investition in kapitalintensiven Branchen, nicht jedoch in nennenswertem Umfang zur Erhöhung der Sozialinvestitionen (im weitesten Sinne, also auch für Bildung).

Es zeigt sich also, daß weder die Lohnarbeit noch die Ausbildung in staatlichen Institutionen konjunkturunabhängig ist; aber während die Lohnarbeit an den Prozeß der Kapitalverwertung gebunden ist, ist die Ausbildung eine Funktion des Staatskonsums. Dieser Unterschied hat auch Auswirkungen auf die juristischen Formen der Berufs- und der Ausbildungs»freiheit«. Die Berufsfreiheit garantiert, daß der Lohnarbeiter nicht zur Arbeit bei einem bestimmten Kapitalisten förmlich gezwungen wird; im übrigen orientiert sich der Lohnarbeiter an dem Preis, den er für seine Arbeitskraft erhalten kann. Er erwartet und erhält keinen konkreten Gebrauchswert für den Verkauf seines Arbeitsvermögens, sondern einen abstrakten Wertausdruck: Geld.

Die Ausbildungsfreiheit garantiert zunächst, daß der Auszubildende nicht förmlich zu einer bestimmten Ausbildung gezwungen wird. Aber hinsichtlich der ökonomischen Funktionsbedingungen der Ausbildungsfreiheit tritt der Auszubildende nicht – wie der Lohnarbeiter – in eine abstrakte Tauschbeziehung: *Lohn gegen Leistung.* Zwischen Auszubildendem und Staat besteht eine Beziehung von *Grundrechtsanspruch – Grundrechtserfüllung.* Das heißt, daß der Staat – anders als als Arbeitgeber oder Subventionsgeber – unmittelbar durch konkrete Dienstleistungen ein individuelles oder kollektives Bedürfnis erfüllt und dadurch das in jeder Grundrechtsausübung liegende soziale Verhältnis des Grundrechtsträgers selbst stiftet. Mit anderen Worten: Der Staat wird unmittelbar selbst verantwortlich für den Gebrauchswert des durch die Grundrechtsausübung hergestellten sozialen Verhältnisses für den Grundrechtsträger. Der Staat ist insoweit doppelt »belastet«: Er muß nicht nur die notwendigen finanziellen Ressourcen mobilisieren – dies muß er und muß jeder Kapitalist, insofern sie als Arbeitgeber fungieren –, sondern er ist darüber hinaus auch »verantwortlich« für die individuelle und kollektive Nützlichkeit der von ihm erbrachten Leistungen. Diese »Doppelbelastung« tritt überall auf, wo der Staat nicht nur abstrakten Lohn oder sonstige abstrakte Entschädigungen austeilt – z. B. Renten, Beihilfen –, sondern institutionelle Leistungen, insbesondere Infrastrukturleistungen, zu erbringen hat, die unmittelbar soziale Bedürfnisse befriedigen sollen. Denn in diesen Fällen ist eine »Abspeisung« durch abstrakte Entschädigungen, deren individuell nützliche Verwendung dann in das Belieben des Entschädigten gestellt wird, nicht möglich. In diesem Sachverhalt liegt die wirkliche Bedeutung dessen, was Häberle die »Grundrechtspolitik« des Staates nennt.

Verdichten sich – wie im Falle der Ausbildungsfreiheit – politische Forderungen nach unmittelbar gesellschaftlich nützlichen Staatsleistungen zu »Leistungsgrundrechten«[13], so wird damit ein permanenter Widerspruch konstitutionalisiert: Da der Staat den größten Teil dieser Leistungen nur durch Abschöpfung von Wert in Form von Steuern erbringen kann, muß er die kapitalistische Produktion – als der effektivsten Form abstrakter Reichtumsproduktion – als Leistungsgrundlage der Wertabschöpfung nach allen Seiten hin fördern; d. h. er muß nach Möglichkeit alle von ihm beeinflußbaren Sozialverhältnisse auf dieses Ziel hin orientieren. Er gerät dadurch mit einer »Grundrechtspolitik« in Widerspruch, die sich an den individuellen oder kollektiven Ansprüchen auf die konkrete Nützlichkeit, den Gebrauchswert, der von ihm verlangten Einrichtungen und Vorkehrungen orientiert und denen er nur sehr bedingt nachkommen kann, wenn er sich nicht die Grundlage jeglicher Politik entziehen will.[14]

Die materielle Verwirklichung der Ausbildungsfreiheit kann daher nur in einem Prozeß der Planung des gesellschaftlichen Gebrauchswerts des Arbeitsvermögens und seiner möglichen Qualifikationen geschehen, der sich an der Nützlichkeit der durch Arbeit zu schaffenden gesellschaftlichen Verhältnisse und nicht an den Verwertungsimperativen der kapitalistischen Produktion orientiert. Die gegenwärtigen Versuche, »Grundrechtspolitik« in bezug auf die Ausbildungsfreiheit mit der ökonomischen Politik in Einklang zu bringen, zielen auf eine Anpassung der Ausbildungskapazitäten an den prognostizierten Bedarf an Arbeitskräften; es ist ein Bedarf, dessen Festlegung jeglicher gesellschaftlicher Planung entzogen ist und den man in der Tat nicht planen, sondern nur prognostizieren, besser: erraten kann, weil er letztlich von den krisenhaften Schwankungen des Kapitalverwertungsprozesses abhängig sein wird.

Wird also die Ausbildungsfreiheit als »Leistungsgrundrecht« dadurch charakterisiert, daß der Staat gleichzeitig durch den Zwang zur Schaffung ausreichender Kapazitäten ein konkret-nützliches soziales Verhältnis stiften muß, so ergeben sich aus dieser widersprüchlichen Zielsetzung bestimmte Konsequenzen sowohl für die institutionellen Bedingungen der Ausbildungsfreiheit wie für die Frage des »Ausbildungsstreiks«.

[13] P. Häberle: ›Grundrechte im Leistungsstaat‹, S. 112.
[14] Vgl. dazu oben in ›Bildung und Herrschaft‹, Abschn. II/3, S. 71 f.

II. Die institutionellen Funktionsbedingungen der Ausbildungsfreiheit

Die Steuerung des Lernprozesses durch die Prüfung kann als das charakteristische Merkmal traditioneller schulischer und akademischer Lernprozesse bezeichnet werden. Sieht man einmal von den schulischen Lernprozessen ab — die juristisch überwiegend auf einer Schulpflicht, nicht auf einer Ausbildungsfreiheit beruhen —, so findet man auf den Universitäten z. T. noch bis auf den heutigen Tag einen merkwürdigen Dualismus: Zum einen die nach dem Marktmodell funktionierende Lehr- und Lernfreiheit der Lehrenden und Lernenden, nach der jeder Lehrende das anbieten kann, was ihm gefällt, während der Lernende unter dem auf dem »Markt« Angebotenen frei auswählen darf; zum anderen aber existieren — meist staatlich gesetzte — Prüfungsvorschriften, die die Stoffgebiete festlegen, die in der Prüfung gewußt werden müssen, ohne daß es bis vor kurzem verbindliche Mechanismen gab, die eine Koordinierung des Lernprozesses mit den Anforderungen der Prüfung bewirkten.

Nicht nur in bezug auf die universitären Lernprozesse »besteht eine Diskrepanz zwischen der rechtlichen Verfassung der Bildungsprozesse und der faktischen Bestimmung über das Curriculum«[1]. Für die Universität besteht diese Diskrepanz zwischen der Lehr- und Lernfreiheit, deren Ausübung das Curriculum bestimmen sollen, und den staatlichen Prüfungsnormen, die faktisch bestimmen, was gelernt werden soll. Läßt sich die Universität darauf nicht ein, sondern besteht auf der Lehr- und Lernfreiheit, so stellt im Zweifel der Repetitor die Verbindung zwischen Prüfung und Lernprozeß her. Richter beschreibt diese Diskrepanz für den schulischen Lernprozeß: »Die Lehrpläne der Schulen sind zwar rechtliche Verwaltungsvorschriften; in Wirklichkeit werden sie jedoch durch die Art ihres Zustandekommens stärker geprägt als durch die rechtliche Form; sie sind Kodifikationen pädagogischer Konzeptionen«; an ihrer Aufstellung sind in einem undurchschaubaren Prozeß »die Ministerialbürokratie, ihre Lehrplan- und Lehrbuchkommissionen, die Lehrkörper der Lehrerausbildungsstätten und die Schulbuchautoren sowie -produzenten beteiligt«.[2]

[1] I. Richter: *Bildungsverfassungsrecht. Studien zum Verfassungswandel im Bildungswesen.* Stuttgart 1973, S. 200.
[2] Ebd., S. 201 u. 203.

In der Schule, in der es keine Lehr- und Lernfreiheit gibt, steuert zwar nicht ein von außen gesetztes Prüfungssystem einen formell freien Lernprozeß, aber eine Diskrepanz zwischen Bildungsprozeß und Curriculumfestlegung besteht auch hier: Wenn die Erziehungsaufgabe darin besteht, »das Kind bei der Entwicklung zu einer eigenverantwortlichen Persönlichkeit innerhalb der Gemeinschaft zu stützen und zu fördern«[3], so widerspricht ihr eine Form der schulischen Erziehung, in der die Curricula weitgehend außerhalb des unmittelbaren Bildungsprozesses festgelegt werden.

Die Diskrepanz zwischen Bildungsprozeß und Curriculumfestlegung ist indessen nicht ohne Konsequenz. Denn was wir heute Curriculum nennen, deckt sich keineswegs mit den herkömmlichen institutionalisierten Lernprozessen. Nach dem *Strukturplan für das Bildungswesen* des Deutschen Bildungsrates bedeutet Curriculum »im Kern die organisierte Anordnung auch inhaltlich bestimmter Lernvorgänge im Hinblick auf bestimmte Lernziele. Diese können als ein Verhalten oder als Art und Grad bestimmter Fähigkeiten, Fertigkeiten oder Kenntnisse definiert sein ... Die Curricula sagen aus, welche Bildungsziele die Gesellschaft verwirklichen möchte und welche Wege zu ihnen führen.«[4] Der traditionelle Lehrplan ist dagegen ein aus mehr oder minder wissenschaftlich begründeten geisteswissenschaftlichen pädagogischen Theorien abgeleiteter Stoffplan, durch den der Lernende die »höhere Bildung und damit die Berechtigung zum akademischen Studium erwarb«[5]. Mit der Fixierung von Stoffkatalogen, deren Inhalt den Erkenntnisinteressen sowohl des Lehrers als vor allem des Lernenden äußerlich sind, wird gewissermaßen ein abstrakter Tauschprozeß institutionalisiert, in dem der Lernende die prinzipiell gedächtnismäßige Aneignung des Stoffes gegen eine formelle Berechtigung tauscht.[6]

Ich habe dargelegt, daß die Bindung des Lernprozesses an einen stoffbestimmten Lehrplan im engsten Zusammenhang mit seiner Organisation als tauschförmiger Aneignungsprozeß von Erkenntnis zusammenhängt.[7]

Die gesellschaftlichen Funktionsbedingungen für die tauschförmige Aneignung von Gesellschaftlichkeit sind indessen weitgehend entfallen.[8] Die Erlangung von Zertifikaten für die interesselose Stoffaneignung gewährleistet nicht mehr, daß

[3] Vgl. *BVerfG* E 34, S. 165 ff, hier S. 182 (Hess. Förderstufen-Urteil).

[4] Deutscher Bildungsrat. Empfehlungen der Bildungskommission: *Strukturplan für das Bildungswesen* (verabschiedet 1970). 4. Aufl. Stuttgart 1972, S. 58.

[5] Ebd., S. 61.

[6] Vgl. hierzu oben ›Bildung und Herrschaft‹, Abschn. IV/1, S. 81 ff.

[7] Vgl. oben ›Bildung und Herrschaft‹, Abschn. IV/1, S. 81 ff.

[8] Vgl. oben ›Bildung und Herrschaft‹, Abschn. II/3 u. IV/3, S. 65 ff u. 99 ff.

das »gebildete« Individuum funktionsgerecht in den gesellschaftlichen Zusammenhang einbezogen werden kann. Permanente technologische, ökonomische und soziale Veränderungen verlangen »die ständige Curriculum-Revision, das heißt: die Wandlung der Lehrinhalte und Lehrpläne vor dem Horizont der Entwicklung der wissenschaftlichen Zivilisation, der individuellen Entfaltungschancen und der gesellschaftlichen Bedürfnisse. Das gilt nicht etwa nur für die Schule, sondern auch für die Universität, für die berufliche und die Erwachsenenbildung.«[9]

Curriculumentwicklung soll also ein bewußt gesteuerter Prozeß der Lernzielfestlegung, ihrer inhaltlichen Konkretisierung, der Festlegung der Medien und Organisationsformen und der Kontrolle des Lernprozesses sein. Das Curriculum organisiert gewissermaßen die Biographie des Lernenden, insofern ihm nunmehr, im Gegensatz zum stofforientierten Lernen, der Lernprozeß »unter die Haut« geht: Der Gebrauchswert des Lernprozesses für den Lernenden und die Gesellschaft soll sich nicht länger über das Tauschprinzip des Zertifikatwesens durchsetzen, sondern unmittelbar im Wege der Curriculumplanung hergestellt werden.

Das Curriculum ist also eine zum traditionellen Lehrplan alternative Bildungsstrategie. Es kann sich nicht mehr auf die qualifizierende Funktion der Aneignung abstrakter Stoffkanonisierungen verlassen, durch die gewissermaßen hinter dem Rücken der Beteiligten ein Bildungseffekt hergestellt wurde, der jedenfalls den heutigen gesellschaftlichen Anforderungen nicht gerecht wird.[10]

»Das Curriculum sagt ... aus, welche Bildungsziele die Gesellschaft verwirklichen möchte und welche Wege zu ihnen führen. Es ist der Entwurf eines berufsbezogenen, relativ geschlossenen Lehr- und Lernsystems, mithin ein Planungs- und Steuerungsinstrument.«[11]

Im Curriculum drückt sich ein höherer Grad der Vergesellschaftung der institutionalisierten Lernprozesse aus; das relativ grobschlächtige System »marktförmiger« Lernfreiheit und staatlicher Stoffkanonisierung in der Universität, staatlicher Stoffoctroi in der Schule produzierte allenfalls eine univer-

[9] H. Becker: *Bildungsforschung und Bildungsplanung*. Frankfurt/M. 1971, S. 35.

[10] Den Zusammenhang der neueren Curriculumorientierung des Lernprozesses und der damit einhergehenden Curriculumforschung mit gesamtgesellschaftlichen ökonomischen Tendenzen haben untersucht F. Huisken: *Zur Kritik bürgerlicher Didaktik und Bildungsökonomie*, a.a.O., u. E. Becker/G. Jungblut: *Strategien der Bildungsproduktion*, a.a.O.

[11] E. Stein: *Rechtsgutachten zur Frage der Vereinbarkeit des Bremischen Juristenausbildungsgesetzes mit der Bremischen Landesverfassung*, S. 71 (unveröffentlicht); vgl. auch Bund-Länder-Kommission für Bildungsplanung: *Bildungsgesamtplan*. Bd. I. Bonn 1973, S. 71 f.

salistische Bildungsgesinnung, in der der Bildungsstoff für eine mehr oder minder verschwommene Bildungsidee stand. Problemlösendes und methodenkritisches Denken, das sich ständigen gesellschaftlichen Umwälzungen anzupassen und sich an gesellschaftlichen Zielsetzungen zu orientieren vermag, wird durch einen derartigen Lernprozeß nur unzureichend hervorgebracht. Die Zeiten, in denen es z. B. in England als Zeichen gelungener universalistischer Bildung galt, daß vornehmlich Altphilologen große industrielle und bürokratische Apparate leiteten, spiegeln noch den Anspruch dieses Bildungsideals wider, gesellschaftliche Problemstellungen aufzunehmen und in Handlungsstrategien zu integrieren. Heute wirkt dieser Anspruch allenfalls liebenswert-altmodisch; er muß notwendig an einer Realität abprallen, in der strategische Kalküle die widersprüchlichsten Informationen und realen Entwicklungen in ihrem Prozeß wechselseitiger Beeinflussung methodisch integrieren und in gesellschaftliche Handlungsformen transformieren müssen.

Den bisher wohl weitestgehenden Schritt der rechtlich verbindlichen Institutionalisierung eines curriculumorientierten Lernprozesses hat der Bremische Landesgesetzgeber in dem *Bremischen Juristenausbildungsgesetz* vom 3. Juli 1973 *(Brem. JAG, GBl.* S. 177) getan.[12] In ihm sind in einem integrierten Lernsystem alle Curriculumelemente in ihrer wechselseitigen Bezüglichkeit als gesetzliche Direktiven an die verschiedenen Ausbildungsträger formuliert:

— Lernziele (§§ 2, 4, 6, 10, 11, 12, 14, 19, 21)
— Inhalte, die für die Konkretisierung der Lernziele von Bedeutung sind (§§ 10, 11, 14 III, 19 III)
— didaktische Formen und Medien (§§ 3, 6, 14, 16, 22)
— ausbildungsbegleitende Leistungskontrollen (§§ 3 III, 27 — 36)
— Evaluation des Gesamtstudienganges (§§ 45, 46)
— institutionelle Zuständigkeiten und Verantwortlichkeiten für die Durchführung der Curriculum-Aufgaben (§§ 45 ff.)

Der Ausbildungsauftrag wird global im § 6 Abs. 1 S. 1 *BremJAG* folgendermaßen umrissen: »Die an der Ausbildung Beteiligten haben die Aufgabe, den durch dieses Gesetz in seinen Grundrissen festgelegten Ausbildungsgang fortzuentwickeln; dabei sind Lernziele, Ausbildungsinhalte und Lernmethoden in ihrer wechselseitigen Abhängigkeit kritisch zu überprüfen (Curriculumreform).«

Zwei weitere Merkmale dieses Gesetzes sind bedeutsam: Zum einen regelt es eine einstufige Juristenausbildung, d. h. es integriert die Universitätsausbildung und das Referendariat

[12] Vgl. hierzu A. Rinken u. a.: *Der neue Jurist. Ausbildungsreform in Bremen als Planungs- und Lernprozeß.* Neuwied/Berlin 1973.

zu einem einheitlichen Ausbildungsgang, in dem die Erste Staatsprüfung durch ausbildungsbegleitende Leistungskontrollen ersetzt wird und der unter der Verantwortlichkeit eines staatlichen Ausbildungs- und Prüfungsamtes steht, an dem die Universität beteiligt ist. Die Einphasigkeit soll einer besseren Theorie-Praxis-Integration dienen. Zum anderen ist die Dauer der Ausbildung auf sechs Jahre begrenzt, »eine Unterbrechung und Verlängerung von Abschnitten der Ausbildung bedarf der Genehmigung des Ausbildungs- und Prüfungsamtes« (§ 5 II).

Das *BremJAG* wird hier lediglich als Beispiel einer curriculum-orientierten Ausbildungsorganisation angeführt, das die das Curriculum bestimmenden Elemente in besonders prägnannter Weise enthält. Abgeschwächt finden sie sich auch im *Bremischen LehrerausbildungsG.* vom 2. 7. 1974 (*brem. GBl.*) oder im *Hamburgischen Gesetz zur Einführung der einstufigen Juristenausbildung* vom 30. 4. 1973 (*Hamb GVBI.* S. 169), das ebenso wie das *BremJAG* auf der Reformermächtigung des § 5b des *Deutschen Richtergesetzes* beruht.

Ähnliche Ausbildungs-Prozeß- und Planungsgesetze dürften in anderen Bundesländern folgen.

Neben der curricularen Ausgestaltung dieser Gesetze verlangen die damit einhergehenden administrativen Veränderungen besondere Beachtung. In dem Entwurf eines *Hochschulrahmengesetzes* des Bundes[13] wird von der Studienreform nicht nur die berufspraktische, gesellschaftsrelevante und methodenkritische Orientierung des Studiums erwartet und vorgeschrieben (§§ 8, 9), sondern es werden zugleich mit der Verpflichtung der Hochschulen zur Berücksichtigung didaktischer Erkenntnisse (§ 9, Abs. 1 Nr. 2, Abs. 3, 12 Abs. 1) Regelstudienzeiten vorgesehen, auf die hin die Studienordnungen und das Lehrangebot zu konzipieren sind (§§ 10 Abs. 4 Nr. 3, 11 Abs. 2-4, 12, 13). Der Studierende ist also in einen Ausbildungsplanungsprozeß integriert, der mit der Überwindung der Hürde des Numerus clausus beginnt und mit dem Zwang zur Einhaltung der Regelstudienzeit endet. Dazwischen liegt das Studium als ein Prozeß der Anpassung an Studien- und Prüfungsordnungen, deren Anforderungen und Sequenzen sich an der Regelstudienzeit ausrichten und die das Lehrangebot steuern (§ 13). Die überregionale Vereinheitlichung der Studienordnungen leisten die Empfehlungen der staatlich-universitären Studienreformkommissionen (§ 10), die sich u. a. auf die »Anforderungen, die sich aus der Entwicklung der Wissenschaften, der beruflichen Tätigkeitsfelder und den gesellschaftlichen Erfordernissen für das jeweilige Ziel und den wesentlichen Inhalt eines Studien-

[13] Entwurf der Bundesregierung vom 29. 8. 73, BT-Drucks. VII/1328.

ganges ergeben«, beziehen (§ 10 Abs. 4 S. 2 Nr. 1). Neben Numerus clausus und Abschlußprüfung steuert vor allem die didaktische Aufbereitung des Studienablaufs durch Studienordnungen und Lehrangebote den realen Ablauf des Ausbildungsganges.

Es ist augenscheinlich, daß der Ausbildungsprozeß mit diesen neueren Tendenzen eine neue soziale Form erhält. Sie knüpft nicht mehr an die »heile Welt« stabiler Wissenskanonisierungen an, sondern an die Erkenntnis ständig sich wandelnder technologischer, ökonomischer und sozialer Verhältnisse. Waren die bisherigen Prüfungsverfahren an der durch ein Zertifikat belohnten abgeschlossenen Qualifikation des Lernenden ausgerichtet, so richtet sich das Interesse der sich von Prüfungs- in Ausbildungsämter verwandelnden Institutionen nunmehr auf den *Prozeß* der Qualifizierung selbst. Die soziale Kontrolle der Qualifizierung konnte sich auf eine einmalige staatliche Abschlußprüfung beschränken, solange die Aneignung eines festen Wissenskanons überprüft werden mußte; die tauschorientierte Aneignungsform — Anhäufen von Stoffwissen gegen formelles Zertifikat — garantierte bereits die Einübung in die Verkehrsformen, mittels deren der Ausgebildete mit den vorherrschenden Strukturen der Gesellschaft in Beziehung trat.[14]

Die soziale Kontrolle der Qualifizierung muß sich dagegen notwendig auf den Ausbildungsprozeß selbst richten, wenn die geforderte Qualifikation weniger in angehäuftem Wissen als vielmehr in Verhaltensdispositionen liegt, die insbesondere auf methodische Orientierung und soziale Lernfähigkeit zielen. Wenn dies um einer Berufspraxis in einer »sich wandelnden Gesellschaft« wegen geschieht (§ 2 I *BremJAG*), so kann man von einer Politisierung des Ausbildungsprozesses sprechen: Sie besteht in der strukturell notwendigen Reflexion gesellschaftlicher Sachverhalte im Prozeß der Herstellung von Qualifikation. Sie bedeutet die Inanspruchnahme der sozialen Kommunikationsfähigkeit und Veränderungsfähigkeit des lernenden Subjekts, und der Ausbildungsprozeß wird bewußt als ein sozialer Prozeß organisiert, der diese Dispositionen fördern soll.

Es ist ohne weiteres einsichtig, daß in einer derartigen Organisation des Ausbildungsprozesses die liberale Lernfreiheit funktionslos geworden ist. Die Freiheit der Auswahl dessen, was wissenswert ist, kann man nur haben, solange Wissen etwas ist, was man schwarz auf weiß nach Hause tragen kann. Und auch die darin enthaltene Indifferenz gegenüber den gelernten Inhalten war gesellschaftlich nur solange angemessen, wie die mit ihr vermittelte kognitive Kompetenz le-

[14] Vgl. oben ›Bildung und Herrschaft‹, Abschn. II/2, S. 54 ff.

diglich die Anpassung an mehr oder weniger vorgegebene berufliche Kunstregeln leisten mußte. Insofern konnte sich auch der gesellschaftliche Gebrauchswert der erworbenen Qualifikationen über den Arbeitsmarkt realisieren. Problemlösungsverhalten gegenüber gesellschaftlichen Problemen, die nicht im Zuge einer bewußten Planung des gesellschaftlichen Prozesses auftreten, sondern krisenhafte Folgeerscheinungen des kapitalistischen Akkumulationsprozesses sind, die wie Schicksalsschläge immer neue Situationen schaffen, für die immer neue Anpassungsstrategien entwickelt werden müssen, kann nur in einer sozialen Disposition erworben werden, die sich auf die Permanenz der Krisenhaftigkeit einrichtet — auf die Probleme einer »sich wandelnden Gesellschaft«. Der Ausbildungsprozeß muß diesen Gebrauchswert ebenso herstellen, wie er den problemabstrakten Universalismus des stofforientierten Lernens hergestellt hat. Aber während sich letzterer in der Abstraktion der lebendigen Persönlichkeit von konkreten Problemen gleichsam von selbst herstellte — durch die Aneignungsform des Stoffes —, muß er nunmehr unmittelbar durch Inanspruchnahme der schöpferischen Potenzen des Lernenden im Ausbildungsprozeß selbst gesellschaftlich produziert werden.

Die darin liegende Widersprüchlichkeit liegt auf der Hand: Mit der Beziehung auf gesellschaftliche Probleme und Bedürfnisse und auf eine gesellschaftsverändernde Berufspraxis wird eine Gebrauchswertorientierung des Ausbildungsprozesses erzeugt, die sowohl zu der administrativen Verplanung des Ausbildungsganges als auch zu der Unmöglichkeit einer bewußten Planung der gesellschaftlichen Produktivkräfte in deutlichem Widerspruch steht. Auch hier können wir von der »Doppelbelastung« sprechen, von der oben die Rede war: Der Ausbildungsprozeß muß einerseits jenes Maß an gesellschaftlicher Indifferenz in den Auszubildenden produzieren, das es möglich macht, daß sie sich in ihrer beruflichen Praxis die unterschiedlichsten gesellschaftlichen Zielsetzungen zu eigen machen können; andererseits aber kann die erforderte problemorientierte Qualifikation nur erlangt werden, wenn sie sich mit spezifischen gesellschaftlichen Bedürfnissen identifizieren. Ob die Orientierung auf methodenkritisches Verhalten, ja auf Methodenpluralismus diesen Widerspruch zu lösen vermag, erscheint zweifelhaft. Denn daß der Methodenpluralismus selbst eine spezifische wissenschaftliche Methode ist, die ihre Gegenstandsbereiche und Veränderungsstrategien in verengender Weise aussortiert und insofern in spezifischer Weise gegenüber gesellschaftlichen Bedürfnissen parteiisch ist, schält sich allmählich als allgemeine Erkenntnis heraus.[15] Die

[15] Vgl. hierzu M. v. Brentano: ›Wissenschaftspluralismus. Zur Funktion,

Forderung nach Methodenpluralismus dürfte langfristig die im Ausbildungsprozeß erzeugte Gebrauchswertorientierung der Lernenden kaum in der Schwebe halten können.

Der gesellschaftliche Funktionsverlust der liberalen Lernfreiheit resultiert also keineswegs aus der institutionellen Umgestaltung des Ausbildungsprozesses von einem universitätsinternen »Wissenschaftsmarkt« zu einem System koordinierter und relativ geschlossener Studienprogramme. Diese institutionellen Veränderungen bringen tiefergehende gesellschaftliche Wandlungen lediglich zum Ausdruck. Das ändert nichts an der Notwendigkeit, sie zum Ausgangspunkt für Überlegungen zu machen, in welcher Weise die Lernfreiheit unter veränderten Bedingungen bewahrt bleiben kann. Denn sie ist ein Garant dafür, daß dem mündigen Lernenden der staatliche Herrschaftsanspruch in Gestalt der Curriculumhoheit nicht zugunsten gesellschaftlicher Interessen aufgenötigt wird, deren praktische Kritik u. a. eine Funktion der Wissenschaft ist.[16]

Ausbildung als Curriculumentwicklungsprozeß bezieht die Subjektivität der Lernenden unmittelbar in den Qualifikations- und Sozialisationsprozeß ein; in ihr kann der Anspruch auf Mündigkeit des Lernenden, d. h. der Anspruch, nicht zum Objekt staatlicher Herrschaft zu werden, nur durch ihre Teilnahme an allen institutionellen Bestimmungen des Ausbildungsprozesses gesichert werden. Im schulischen Lernprozeß wird die Unmündigkeit der Kinder unterstellt; Staat und Eltern teilen sich gewissermaßen, verfassungsrechtlich in den Art. 6 und 7 GG abgesichert, die Herrschaft über die »Unmündigen«. Der Studierende ist — spätestens seit dem 1. 1. 1975 — weder juristisch unmündig, noch verträgt die wissenschaftliche Ausbildung eine verbindliche Vor-Organisation der Erkenntnis, deren Aufnötigung dann verfahrensmäßig — durch Regelstudienzeiten, Zwischenprüfungen, Zertifikate (und deren Verweigerung) — durchgesetzt wird.

Das kann allerdings nicht bedeuten, daß es keine gesellschaftliche Verbindlichkeit über Ziele und Inhalte von wissenschaftlicher Erkenntnis geben soll. Eine derartige Forderung würde übersehen, daß Wissenschaft als gesellschaftlicher Arbeitsprozeß wie jeder Arbeitsprozeß auch auf konkrete gesellschaftliche Gebrauchswerte zielt. Aber wie fast jeder gesellschaftliche Arbeitsprozeß in der kapitalistischen Gesellschaft ist auch der wissenschaftliche Arbeitsprozeß durch den

Genese und Kritik eines Kampfbegriffs‹, in: *Das Argument*, Nr. 66, H. 6/7 (1971), S. 476–493; U. K. Preuß: ›Wissenschaftspluralismus und Verfassungsschutz‹, in: Ders.: *Legalität und Pluralismus* . . ., S. 117 ff.

[16] Vgl. hierzu W. Nitsch u. a.: *Hochschule in der Demokratie. Kritische Beiträge zur Erbschaft und Reform der deutschen Universität.* Berlin/Neuwied 1965, insbes. S. 101 ff.

Widerspruch bestimmt, daß die Bestimmung und Verfügung über den gesellschaftlichen Gebrauchswert sowohl den Arbeitenden selbst wie überhaupt einer bewußten Planung entzogen ist. Die heute erhobene undifferenzierte Forderung nach Verbindlichkeit des wissenschaftlichen Arbeitsprozesses kann nur die Konsequenz haben, die Instanzen der Fremdbestimmung zu stärken.

Die Beteiligung der lernenden Subjekte an den institutionellen und inhaltlichen Bestimmungen des Ausbildungsprozesses kann diesen Widerspruch nicht lösen. Selbst die Mitbestimmung an den in § 10 E *HRG* vorgesehenen paritätisch aus Vertretern des Staates und der Hochschulen zusammengesetzten Studienreformkommissionen, die Empfehlungen für Studien- und Prüfungsordnungen aussprechen sollen, vermag daran nichts zu ändern. Denn die Orientierung an der prognostizierten Entwicklung des Arbeitsmarktes ist eine ihrer wesentlichen Existenzbedingungen: Diese entzieht sich jeglicher Planbarkeit, solange Qualifikationen als Ergebnis miß- oder gelingender Kapitalstrategien nachgefragt und nicht als Element bewußter gesellschaftlicher Gebrauchswertplanung hergestellt werden.

Dennoch sind Bestrebungen nach einer Teilnahme der Lernenden am Curriculumentwicklungsprozeß sinnvoll und notwendig.[17] Sie verhindert nicht nur die formelle Degradierung der Lernenden zu Objekten heteronomer Wissenschafts- und Qualifikationsplanung; sie kann auch materiell von Bedeutung werden, wenn sie das Medium einer dezidierten Gebrauchswertorientierung des Ausbildungsprozesses wird. Darunter verstehe ich die Geltendmachung von inhaltlichen Ansprüchen an den Ausbildungsprozeß, nach denen er sich an

[17] Die vorläufige Universitätsverfassung der Universität Bremen enthält in Ansätzen bereits einige Möglichkeiten, unter den veränderten Bedingungen der universitären Ausbildungsorganisation die studentische Lernfreiheit neu zu formulieren: Sie äußert sich u. a. darin, daß die Studierenden die Möglichkeit erhalten, verbindlich auf den Inhalt, die Struktur und die Zielsetzung von Ausbildungsveranstaltungen einzuwirken. Unter bestimmten Umständen können sie sogar alternative Ausbildungsveranstaltungen planen und durchführen. Diese gewissermaßen nach innen gewendete Lernfreiheit berücksichtigt den Tatbestand, daß angesichts zunehmender Planung und Strukturierung der Studiengänge durch Gremien der akademischen Selbstverwaltung und angesichts der Tendenz zur Einführung von Regelstudienzeiten von der bunten Fülle des Angebotes voneinander unabhängiger »Wissenschaftsanbieter« – der Professoren – nicht mehr viel übrigbleiben dürfte. Insofern ist die vorläufige Universitätsverfassung Bremen ein Beispiel, wie aus der liberalen Ausbildungsfreiheit nicht nur ein Leistungsrecht im Sinne der Teilhabe an den vom Staat zur Verfügung gestellten Ausbildungsleistungen, sondern gleichzeitig auch ein – freilich auf die Institution bezogenes und durch sie begrenztes – demokratisches Teilnahmerecht an der Entstehung des Ausbildungsprogrammes geworden ist.

den konkreten Lebensbedingungen der Masse der Bevölkerung ausrichten sollte.

Die kritische Funktion des wissenschaftlichen Qualifikationsprozesses bestünde dann nicht in der Vermittlung einer allgemeinen methodischen Flexibilität, sondern in der Fähigkeit zur Erkenntnis der gesellschaftlichen Produktivität und ihrer Organisation für gesellschaftliche Bedürfnisse. Dies erfordert die Fähigkeit zur Identifizierung nicht in erster Linie mit gesellschaftlichen Verkehrsformen[18], sondern mit gesellschaftlichen Bedürfnissen, die bei dem gegebenen Stand der materiellen Produktivkräfte befriedigt werden könnten.

Wenn der curriculumorientierte Ausbildungsprozeß selbst unmittelbar die lebendige Subjektivität des Lernenden in Anspruch nimmt, so wird in ihm der Aufprall der konkreten Lebensperspektive des Lernenden auf die abstrakten Erfordernisse der Qualifikationsökonomie geradezu provoziert. Soll er für ein »berufliches Tätigkeitsfeld«[19] und für die Erkenntnis und Lösung »relevante(r) gesellschaftliche(r) Probleme«[20] ausgebildet werden, so wird notwendigerweise die dadurch bewirkte Orientierung an den Interessen der von den Problemen Betroffenen zu einer Qualifikationsplanung in Widerspruch treten, deren Kalkül auf Wachstum, Stabilität und soziale Befriedigung gerichtet ist. Aus diesem Widerspruch resultieren Kampfmaßnahmen im Ausbildungsbereich, deren politische Bedeutung und juristische Bewertung zum Abschluß zu erörtern sind.

[18] Zu diesem Begriff vgl. oben ›Bildung und Herrschaft‹, Abschn. II/2, S. 54 ff.

[19] So § 8 des Entwurfs eines *Hochschulrahmengesetzes* des Bundes (BT.-Drucks. VII/1328, Stand 29. Aug. 1973).

[20] So § 50 Abs. 1 der Vorläufigen Universitätsverfassung der Universität Bremen v. 27. Mai 1972 *(brem. ABl.* S. 361).

III. Ausbildungsstreik

Der Begriff des Streiks hat im Arbeitskampfrecht einen relativ fest umrissenen Inhalt. Hueck/Nipperdey bezeichnen als Streik im Sinne des Arbeitskampfrechts »die aufgrund eines Kampfbeschlusses der Arbeitnehmerseite erfolgende kollektive Arbeitseinstellung zu dem Zweck, mit Hilfe des dadurch ausgeübten Drucks eine freiwillig nicht zugestandene kollektivvertragliche Regelung zu erreichen (Angriffsstreik) oder abzuwehren (Abwehrstreik)«[1]. Der Streik wird von der herrschenden Rechtsprechung und -lehre als ein Kampfmittel im Rahmen der Beziehungen der »sozialen Gegenspieler«[2] – Arbeitnehmer und Arbeitgeber – angesehen, dessen Ziel zum Inhalt einer kollektiven arbeitsrechtlichen Vereinbarung werden können muß[3]. Kollektive Kampfmaßnahmen, die diese Zielsetzung nicht haben, fallen nach dieser Auffassung selbst dann nicht unter das kollektive Arbeitsrecht, wenn sie durch »Störung des Arbeitsfriedens durchgesetzt werden«[4]; ihre rechtliche Bewertung ist eine »Grundfrage des Verfassungsrechts, des politischen Strafrechts und der Demokratie, des individuellen Arbeitsvertragsrechts und des allgemeinen Deliktsrechts«[5].

Eine Erörterung dieser Begriffsbildung soll hier nicht erfolgen, weil auch die Vertreter einer weniger restriktiven Rechtsauffassung zu der hier diskutierten Frage des Ausbildungsstreiks prinzipiell nur zu einer Ausgrenzung ausbildungspolitischer kollektiver Kampfmaßnahmen aus dem arbeitsrechtlichen Streikrecht gelangen können. Blanke hat in der oben erwähnten Monographie[6] für die Lehrlingsausbildung eine Brücke zwischen den Bereichen der gesellschaftlichen Arbeit und der institutionalisierten Bildung geschlagen, indem er – insoweit in weitgehender Übereinstimmung mit einem großen Teil bildungsökonomischer Forschung – den Ausbildungsbereich als integralen Bestandteil des gesellschaftlichen Konflikts

[1] A. Hueck/H. C. Nipperdey: *Lehrbuch des Arbeitsrechts.* Bd. II/2: *Kollektives Arbeitsrecht.* 7. Aufl. Berlin/Frankfurt/M. 1970, S. 892.
[2] Ebd., S. 884.
[3] Ebd., S. 888.
[4] Ebd., S. 886.
[5] Ebd., S. 886.
[6] Th. Blanke: *Funktionswandel des Streiks im Spätkapitalismus . . .*, a.a.O.

zwischen Lohnarbeit und Kapital interpretiert. Er faßt seine Ergebnisse folgendermaßen zusammen: »Die Notwendigkeit zur kalkulierten Produktion unterschiedlicher Qualifikation in bestimmten, durch die Verwertungsbedürfnisse des Kapitals definierten Relationen führte zur Subsumtion dieses ehedem ›privaten‹ Bereichs der erweiterten Reproduktion der Arbeitskraft unter die Erfordernisse des zunehmend geplanten Reproduktionsprozesses des Kapitals; die Unterwerfung der Ausbildungsverhältnisse unter Kategorien ökonomischer Rationalität legte ihren gesellschaftlichen Inhalt frei, offenbarte, daß Art und Höhe der Qualifikationen nicht von individuellen Fähigkeiten und Bedürfnissen abhängen, sondern von der Akkumulation des Kapitals ... Ist der kapitalistische Produktionsprozeß daher Maßstab der Qualifikation, die ihrerseits wiederum zum Maßstab der individuellen Teilnahme am gesellschaftlichen Konsum wird ..., so erweist sich der Qualifikationsprozeß als Moment des allgemeinen Antagonismus von Lohnarbeit und Kapital: Er ist (i.d.R. vorgelagerter) Teil des ›industriellen Konflikts‹, ohne freilich bislang an dessen gesellschaftlich konzessionierten Artikulations- und Regelungsformen legalerweise zu partizipieren.«[7] Aus diesem Zusammenhang begründet Blanke die Rechtmäßigkeit kollektiver politischer Kampfmaßnahmen — vor allem des Lehrlingsstreiks —, »für deren Zulässigkeit einzig legitimer normativer Maßstab ihr Beitrag zur Emanzipation von historisch überflüssigen Herrschaftsverhältnissen sein kann«[8].

Die Politisierung des Lohnkonflikts durch staatliche Wachstums-, Stabilitäts- und Einkommenspolitik ist sicherlich der zutreffende Ausgangspunkt für die Begründung der Zulässigkeit des politischen Streiks; dies gilt auch für den Ausbildungsstreik, soweit der Ausbildungsprozeß, wie im Falle der Lehrlingsausbildung, unmittelbar mit der Durchsetzung von Kapitalstrategien im Zusammenhang steht. Aber es erscheint zweifelhaft, ob es methodisch zu vertreten ist, auch Schüler- und Studentenstreiks aus diesem Zusammenhang zu begründen. Zweifellos erlegt sich der Formwandel kapitalistischer Vergesellschaftung auch diesen Qualifikations- und Sozialisationsfunktionen auf[9]. Dieser allgemeinste Zusammenhang sagt jedoch noch nichts über die Vermittlungsebenen aus, in denen sich in widerspruchsvoller Weise kapitalistische Verwertungsimperative durchsetzen. Sie haben ihre spezifischen Strukturen und Wirkungsweisen, an denen die juristische Analyse anzuknüpfen hat.

Als Ausbildungsstreik bezeichne ich alle kollektiven Kampf-

[7] Ebd., S. 201 f.
[8] Ebd., S. 202.
[9] Vgl. dazu oben ›Bildung und Herrschaft‹.

maßnahmen, die darauf gerichtet sind, in passiver oder aktiver Form institutionalisierte Lernprozesse zu unterbrechen. Solche institutionalisierten Lernprozesse sind gesellschaftliche Arbeitsprozesse; sie sind aber wegen ihrer spezifischen gesellschaftlichen Form von Lohnarbeitsverhältnissen zu unterscheiden. Kollektive Kampfmaßnahmen im Rahmen oder engsten Zusammenhang mit derartigen Lohnarbeitsverhältnissen werden hier nicht erörtert — hierzu zähle ich, insoweit Blanke folgend, die Lehrlingsstreiks. Schließlich sind für die hier zu behandelnde Problematik die Fälle der vermeintlichen oder tatsächlichen Verletzung der Schulbesuchspflicht auszugrenzen, in denen Schulpflichtige z. B. zum Zwecke der Teilnahme an einer Demonstration einzeln oder kollektiv dem Unterricht fernbleiben.[10] Hier werden zwar institutionalisierte Lernprozesse unterbrochen, doch es handelt sich nicht um kollektive Kampfmaßnahmen, die hierauf gerichtet sind; sie haben die Unterbrechung lediglich zur Folge.

Dem ersten Anschein nach ist es unzulässig, unter dem Terminus Ausbildungsstreik kollektive Kampfmaßnahmen der Schüler und der Studenten zusammenzufassen. Nach herrschender Meinung unterliegen Schüler der Schulbesuchspflicht — sei es aufgrund von Schulpflichtgesetzen, sei es kraft Anstaltsordnungen oder Verwaltungsvorschriften.[11] Studenten dagegen haben in der Regel die Verpflichtung, ihrem Studium ordnungsgemäß nachzugehen, ohne daß daraus jedoch eine Kursbesuchspflicht abgeleitet werden würde. Dennoch verschwimmen die Unterschiede: So wie die Schulbesuchspflicht jedenfalls für die Wahlschule nicht jenen von den Anstaltsordnungen unterstellten rigiden Charakter hat, wie die Verwaltungspraxis annimmt[12], so verändern sich auch allmählich die Verhältnisse für die Studenten. In Westberlin z. B. hat der dortige Senator für Wissenschaft und Kunst Hochschullehrern der Pädagogischen Hochschule untersagen wollen, Semesterleistungsscheine an diejenigen Studenten auszugeben, die infolge eines längeren Streiks an Veranstaltungen nicht teilgenommen hatten. Der Nachweis für einen bestimmten Ausbildungsstand sollte praktisch durch den Nachweis des Besuchs von Ausbildungsveranstaltungen erbracht werden, während herkömmlich der Ausbildungsstand durch die Bestätigung eines erreichten Leistungsstandards erbracht wird. Hier deutet sich auch eine bisher zu wenig beach-

[10] Vgl. hierzu W. Perschel: ›Demonstrationsrecht und Schulbesuchspflicht‹, in: *RdJ* 1968, S. 289—295.

[11] Vgl. W. Perschel, a.a.O.; H. Ihlenfeld: *Pflicht und Recht zum Besuch öffentlicher Schulen nach deutschem Bundes- und Landesrecht.* Diss. jur. Hamburg 1971; L. Dietze: ›Zur rechtlichen Zulässigkeit von Schülerstreiks‹ in: *RdJ* 1970, S. 336—341, hier S. 339 f; K. Grupp in: *DöV* 1974, S. 661—671.

[12] Vgl. W. Perschel, a.a.O., S. 290 f.

tete Konsequenz der Forderung an, daß nur geprüft werden dürfe, was auch gelehrt worden sei. Sie kann einmal zu der Verpflichtung verlängert werden, an den prüfungsrelevanten Lehrveranstaltungen auch teilzunehmen, also zu einer Kursbesuchspflicht.

Diese empirischen Tendenzen könnten allerdings die Zusammenfassung von Schüler- und Studentenstreiks unter der Bezeichnung Ausbildungsstreik noch nicht rechtfertigen, weil die tatsächlichen und status-rechtlichen Unterschiede zwischen Schülern und Studenten weiterhin dominieren. Das formelle Verhältnis von Schülern und Studenten zur staatlichen Herrschaft ist aber überhaupt nicht der entscheidende Gesichtspunkt für die Bewertung der Ausbildungsstreiks. Denn formell stören Ausbildungsstreiks die Funktionstüchtigkeit öffentlicher Institutionen[13], ohne daß ein »kulturelles Tarifvertragssystem«[14] positivrechtlich kollektive Kampfformen für die Beeinflussung ihrer Funktionsweise zur Verfügung stellt. Es ist notwendig, den wirklichen gesellschaftlichen Charakter von Ausbildungsstreiks zu analysieren, um ihren juristischen Status angeben zu können.

Nicht jede kollektive Unterbrechung sozialer Zusammenhänge ist ein Streik. In der Regel handelt es sich dabei um Boykotts. »Boykott ist die von einer Personenmehrheit spontan und planmäßig geübte Fernhaltung von sozialen Beziehungen mit einer Person oder einer Personenmehrheit«.[15] Er kann sich also auf beliebige soziale Beziehungen erstrecken; in der Tat hat man ja auch im Zusammenhang mit Ausbildungsstreiks von »Unterrichtsboykott« gesprochen. Aber Streik und Boykott sind doch voneinander zu unterscheiden. Röpke unterscheidet folgendermaßen: »Der Streik wird zwar in der Regel in Verbindung mit einem Boykott (Zuzugsperre) durchgeführt, ist aber — zweckmäßiger-, nicht logischerweise — gegen den Boykott als Methode des Arbeitskampfes dadurch abzugrenzen, daß man letzteren auf die Fälle beschränkt, in denen kein Vertragsverhältnis zwischen den Parteien voraufgegangen war.«[16] Das Kriterium eines voraufgegangenen Vertragsverhältnisses scheint mir allerdings zu formal zu sein,

[13] Vgl. für die Schule A. Hildebrandt: *Das Schulwesen als Bestandteil der rechtsstaatlichen Hoheitsverwaltung. Dargestellt anhand des geltenden Schulrechts in Hessen.* Diss. jur. Marburg 1971.

[14] Vgl. hierzu U. K. Preuß: *Zum staatsrechtlichen Begriff des Öffentlichen. Untersucht am Beispiel des verfassungsrechtlichen Status kultureller Organisationen.* Stuttgart 1969, S. 213 ff, 229.

[15] W. Röpke: Art. ›Boykott‹, in: *Handwörterbuch der Staatswissenschaften.* Hrsg. v. Elster/Weber/Wisser. 4. Aufl. Jena 1926. Bd. 3, S. 2—6, hier S. 3; vgl. auch H. Hampel: Art. ›Boykott‹, in: *Staatslexikon. Recht-Staat-Wirtschaft.* Hrsg. v. d. Görresgesellschaft. 6. Aufl. Freiburg 1958. Bd. 2, Sp. 135 — 138.

[16] W. Röpke, a.a.O., S. 3.

als daß es einen qualitativen Unterschied bezeichnen könnte. Das Kriterium müßte vielmehr darin liegen, worin sich die Form gesellschaftlicher Arbeit von anderen sozialen Beziehungen unterscheidet.

Die gesellschaftliche Form der Arbeit, innerhalb deren der Streik ein spezifisches Kampfmittel darstellt, ist die Lohnarbeit. In ihr stellt der Lohnarbeiter den Gebrauchswert seines Arbeitsvermögens dem Kapitaleigentümer zur Verfügung. Im Rahmen dieses gesellschaftlichen Verhältnisses verfügt der Kapitaleigentümer über die lebendige Subjektivität des Lohnarbeiters. Diese beiden Merkmale bestimmen das Lohnarbeitsverhältnis: die Einbringung der lebendigen Subjektivität des Individuums in eine soziale Beziehung und die über sie ausgeübte Verfügungsmacht eines Dritten zu Zwecken, über die das Individuum keine Bestimmung hat. Lebendige Subjektivität wird in einen Vergesellschaftungszusammenhang – kapitalistische Produktion – eingebracht, von der das Subjekt selbst ausgeschlossen ist.

Der Streik ist also nicht ganz formal die kollektive »Fernhaltung von sozialen Beziehungen mit einer Person oder einer Personenmehrheit«, auch dann nicht, wenn vor dieser Aktion Vertragsbeziehungen bestanden haben; der Streik ist eine kollektive Kampfform, mit der der Gebrauchswert des lebendigen Potentials der Persönlichkeit einer fremdbestimmten Vergesellschaftung entzogen wird.

Überträgt man diese Begriffsmerkmale auf kollektive Kampfformen im staatlichen Ausbildungsbereich, so ergeben sich zunächst Schwierigkeiten. Denn wenn es eine Verfügung Dritter über die lebendige Subjektivität der Persönlichkeit im kapitalistischen Produktionsprozeß gibt, so resultiert sie doch aus »freien« Arbeitsverträgen, in denen dies vereinbart wird. Eine hoheitliche, also nicht »frei« vereinbarte Inanspruchnahme des Gebrauchswerts der persönlichen Potentiale scheint als mit der Würde des Menschen unvereinbar nach dem Grundgesetz gar nicht zulässig zu sein. Die Freiheit der Persönlichkeit besteht ja gerade darin, in frei vereinbarten sozialen Beziehungen deren gesellschaftlichen Gebrauchswert selbst bestimmen zu können. Andererseits ist der freiheitliche Rechtsstaat gerade dadurch gekennzeichnet, daß er die lebendige Persönlichkeit nicht in Pflicht nimmt; um seine Zwecke zu verfolgen, zwingt er die Staatsbürger nicht zu entsprechenden Arbeiten, sondern schöpft in Form von Steuern unpersönlichen abstrakten Reichtum ab, mit dem er die von ihm benötigten Arbeitskräfte kauft; er verlangt auch keine Gesinnungen, sondern gesetzesgemäßes Verhalten, bei dem der Kern der Persönlichkeit unberührt bleibt. Insofern scheint es keinerlei Anknüpfungspunkte für »Staatsbürgerstreiks« zu geben.

Zunächst ist festzuhalten, daß die grob skizzierten Merkmale des freiheitlichen Rechtsstaats nur *cum grano salis* gelten. Der Staat kann gem. Art. 12 Abs. 2 GG die Staatsbürger »im Rahmen einer herkömmlichen allgemeinen, für alle gleichen öffentlichen Dienstleistungspflicht« zu einer »bestimmten Arbeit« zwingen; Männer können gem. Art 12 a GG »zum Dienst in den Streitkräften, im Bundesgrenzschutz oder in einem Zivilschutzverband verpflichtet werden«; unter bestimmten Voraussetzungen »kann zur Vorbereitung auf Dienstleistungen . . ., für die besondere Kenntnisse oder Fähigkeiten erforderlich sind, . . . durch Gesetz oder aufgrund eines Gesetzes die Teilnahme an Ausbildungsveranstaltungen zur Pflicht gemacht werden« (Art. 12 a Abs. 5, S. 2 GG).

Diese Dienstverpflichtungen begründen einen Sonderstatus, in dem der Gebrauchswert vor allem des Arbeitsvermögens der betroffenen Staatsbürger hoheitlichen Zwecken zugeführt wird, auf die der Pflichtige keinerlei Einfluß hat.

Bis auf die Regelung in Art. 12 Abs. 2 GG handelt es sich bei den erwähnten Dienstpflichten um Ausnahmen, die nur im Verteidigungs- und Notstandsfall wirksam werden. Sie stellen verfassungskräftig zugelassene autoritative und fremdbestimmte Vergesellschaftungen des Gebrauchswerts des menschlichen Arbeitsvermögens dar, die radikalste Alternative zur Steuerpflicht. Daraus folgt, daß sie zum Anknüpfungspunkt von Streiks — von »Staatsbürgerstreiks« — werden können, wobei die komplizierten Fragen der Zulässigkeit nach der gegebenen Rechtslage hier nicht zu erörtern sind.

Betrachtet man unter diesem Gesichtspunkt die Ausbildungsverhältnisse der Schüler und Studenten, so zeigt sich ihre strukturelle Gleichheit mit jenen sozialen Beziehungen, in denen die Subjektivität der Individuen ihnen fremden Herrschaftsverhältnissen subsumiert wird. Dieses nicht in einem formellen Sinne der rechtlichen Verpflichtung durch Vertrag oder Gesetz, sondern materiell durch Vergesellschaftung des Kerns ihrer Persönlichkeit unter gleichzeitiger Vorenthaltung des gesellschaftlichen Inhalts. Hinsichtlich der Schule wird man einwenden, daß die staatliche Schulherrschaft seit ihrem Bestehen diesen gesellschaftlichen Charakter besessen habe. Sie war ein Prozeß der »gewaltsamen Einverseelung herrschender materialer Wertmuster«[17] und bemächtigte sich des Kerns der Persönlichkeit. Der Einwand trifft zu und bestätigt insofern, daß Eltern- und Schülerstreiks niemals lediglich — wie z. B. Steuerboykotts — eine Form des Gesetzesungehorsams waren, sondern »Staatsbürgerstreiks« — Kämpfe also um den richtigen Inhalt von Vergesellschaftung, als welche schu-

[17] Vgl. M. Stock: *Pädagogische Freiheit und politischer Auftrag der Schule . . .*, S. 198.

lische Sozialisationsprozesse ja begrifflich anzusehen sind. Wenn heute derartige Kampfformen im Verhältnis zu den ersten zwanzig Jahren der Bundesrepublik zunehmen, so liegt das in der oben[18] beschriebenen Tendenz, die abstrakte staatliche Schulherrschaft in materiale Qualifikations- und Curriculumstrukturen zu transformieren[19], ohne freilich auf staatliche Schulherrschaft zu verzichten. Aber da die interesse- und motivlose Stoffrezeption immer weniger geeignet ist, die für die kapitalistische Vergesellschaftung erforderlichen Qualifikations- und Sozialisationsleistungen zu erbringen, erfolgt zunehmend ein direkter staatlicher Zugriff auf die Persönlichkeit: durch das Anknüpfen des Ausbildungs- und Erziehungsprozesses an ihren Interessen, Hoffnungen, Ängsten, Leiden und Verzweiflungen.

Hier zeigt sich erneut die Dialektik einer »Grundrechtspolitik«, die material Vergesellschaftung stiften will und dabei an die Strukturen gebunden ist, die den gesellschaftlichen Charakter der Arbeit der Masse der Arbeitenden vorenthält. Sie kann ihre objektiv notwendige »Sozialisierungsleistung« nur um den Preis einer immer intensiver werdenden Beherrschung der Individuen erbringen.

Im hochschulischen Ausbildungsbereich kann man nicht von einer zunehmenden Transformation formeller staatlicher Herrschaft in materiale Qualifikations- und Curriculumstrukturen im Medium von »Grundrechtspolitik« sprechen. Denn hier hatte staatliche Herrschaft niemals jenen Grad an Intensität, der für die Schule kennzeichnend ist. Und dennoch muß man in bezug auf kollektive Ausbildungsverweigerungen von Ausbildungsstreiks sprechen. Mit den oben skizzierten curriculumorientierten hochschulischen Ausbildungsprogrammen verliert die liberale, gleichsam marktförmige Wissensaneignung — und ihr »Verkauf« gegen ein Zertifikat in Prüfungsformen, die Wissen abfragten — zunehmend an Bedeutung. In dem Maße, in dem auch der Student durch verbindliche Curriculumprogramme unmittelbar hoheitlich qualifiziert und sozialisiert wird, verliert eine kollektive Weigerung den Charakter als Konsumentenboykott von Marktteilnehmern; er ist kein »freier« Marktteilnehmer mehr, der prinzipiell autonom den Gebrauchswert seines Bildungsprozesses selbst bestimmt und dabei — als Kampfmaßnahme — mit bestimmten Marktteilnehmern keine Beziehungen eingeht, sondern er ist in einem heteronomen Prozeß der Vergesellschaftung seiner Persönlichkeit gezwungen, sich zu unterwerfen oder völlig auf die von ihm gewünschte Ausbildung zu verzichten. Selbst Pflichtfächerkataloge in traditionellen Studien- und Prüfungs-

[18] Vgl. oben ›Bildung und Herrschaft‹, Abschn. III.
[19] Vgl. hierzu M. Stock: *Pädagogische Freiheit* . . ., S. 147 ff.

ordnungen hatten und haben nicht denselben gesellschaftlichen Charakter. Sie formulieren der Persönlichkeit äußerliche Anforderungen, die selbst unmittelbar keine sozialisierende Funktion haben und daher in ihrer Funktion einer generellen gesetzlichen Ordnungsvorschrift entsprechen, die ja auch die Subjektivität der Rechtsperson nicht ergreift.

Auch in der Hochschule stellt demnach die kollektive Unterbrechung institutionalisierter Lernprozesse einen Streik dar.

Die rechtliche Zulässigkeit von Ausbildungsstreiks bemißt sich entsprechend der hier vorgenommenen Begriffsbildung nach den Normenkomplexen, die das Verhältnis sozialer Gruppen im politischen Raum bestimmen. Der arbeitsrechtliche Streik ist verfassungsrechtlich legitimiert, weil in ihm die Arbeiter für veränderte Formen und Inhalte der Vergesellschaftung ihres Arbeitsvermögens kämpfen. Gäbe es das Streikrecht für sie nicht, so unterlägen sie faktisch einem Arbeitszwang. Angesichts der Politisierung des Lohnkonflikts[20] erstreckt sich das Streikrecht auch auf politische Zielsetzungen[21]. Das Streikrecht für die Arbeiter bringt zum Ausdruck, daß die bestreikten Unternehmer nicht wettbewerbsrechtlich als Eigentümer von eingerichteten und ausgeübten Gewerbebetrieben i. S. der höchstrichterlichen Rechtsprechung zu § 823 BGB angesehen werden können, sondern als eine soziale Macht, die faktisch — und rechtlich abgesichert — weitgehend den Inhalt der Vergesellschaftung von Arbeit bestimmen. Streik ist daher nicht eine Maßnahme wirtschaftlicher Wettbewerber, sondern ein politisch-soziales Kampfmittel für die Durchsetzung bestimmter Formen und Inhalte von Vergesellschaftung.

Angesichts der beschriebenen sozialen Verhältnisse im staatlichen Ausbildungsbereich kann auch der Staat heute nicht länger in seiner formellen Funktion als institutionalisiertes Herrschaftssubjekt zum Ausgangspunkt der gesellschaftlichen und rechtlichen Bewertung von Ausbildungsstreiks genommen werden — sowenig wie der Unternehmer als Inhaber der formellen Rechtsposition eines Eigentümers am Gewerbebetrieb. Treibt der Staat »Grundrechtspolitik«, d. h. sozialisiert er selbst unmittelbar den gesellschaftlichen Gebrauchswert der Staatsbürger — wie im Schul- und Hoch-

[20] Vgl. hierzu Th. Blanke: *Funktionswandel des Streiks im Spätkapitalismus* . . ., S. 162 ff; vgl. auch W. Abendroth: ›Die Berechtigung gewerkschaftlicher Demonstrationen für die Mitbestimmung der Arbeitnehmer in der Wirtschaft‹, in: Ders.: *Antagonistische Gesellschaft und politische Demokratie. Aufsätze zur politischen Soziologie.* Neuwied/Berlin 1967, S. 203–230.

[21] Diese Auffassung ist bekanntlich heftig umstritten; die Frage braucht aber in diesem Zusammenhang nicht weiter erörtert zu werden.

schulbereich —, so wird er zur sozialen Macht. Sofern er dies ist — und zweifellos ist er dies in bestimmtem Umfang seit seiner Konstituierung als »moderner Staat« —, bestimmt sich das Verhältnis der Staatsbürger zu ihm nicht ausschließlich nach den Modi der Legalität und des Rechtsgehorsams. Es unterliegt vielmehr — jedenfalls unter einer demokratischen Verfassung — den sozialen Kampfregeln, die sozialen Gruppen als demokratische Rechte eingeräumt sind, die einer fremdbestimmten Vergesellschaftung unterliegen. Die Rechtsgehorsam erheischende Souveränität des Staates und die Befugnisse seiner Organe werden dadurch relativiert: sie können sich in einem demokratischen Gemeinwesen nur auf jene Staatsfunktionen beziehen, die dem Subjekt lediglich äußere Schranken für die Bestimmung des Gebrauchswerts seiner sozialen Beziehung setzen. Nur in ihnen betätigt sich die formelle Hoheitsfunktion des Staates.

Die Rechtmäßigkeit von Ausbildungsstreiks ist mithin aus der analogen Anwendung des Art. 9 Abs. 3 und der unmittelbaren Anwendung des Art. 20 Abs. 1 GG zu begründen, wobei zweifellos weitere Rechtmäßigkeitskriterien hinzutreten, die sich aus der spezifischen Funktion des Streiks als einem politisch-sozialen Kampfmittel ergeben.[22] Sie sind schon tatbestandsmäßig keine Angriffe auf staatliche Hoheitsfunktionen — also »Störungen«, Nötigungen, Behinderungen im Sinne des politischen Strafrechts —, sondern verfassungskräftige demokratische Handlungsformen.

[22] Vgl. hierzu — und zu streikkonnexen Kampfformen — G. Stuby: *Disziplinierung der Wissenschaft. Zur Rechtmäßigkeit studentischer Kampfformen.* Mit einem kritischen Nachwort von Reiner Geulen. Frankfurt/M. o.J. [1970], S. 150 ff.

Namen- und Sachregister